太平有象

——汉画像六十品

北京鲁迅博物馆 编

中原出版传媒集团
大地传媒
大象出版社
·郑州·

图书在版编目（CIP）数据

太平有象：汉画像六十品 / 北京鲁迅博物馆编 .—郑州：大象出版社，2017.10

ISBN 978-7-5347-9241-0

Ⅰ.①太… Ⅱ.①北… Ⅲ.①画像石—中国—汉代—图集②画像砖—中国—汉代—图集 Ⅳ. ① K879.422 ② K879.444

中国版本图书馆 CIP 数据核字（2017）第 103832 号

Taiping Youxiang

太平有象

——汉画像六十品

北京鲁迅博物馆　编

出 版 人　王刘纯

责任编辑　迟庆国　石更新

封面设计　王莉娟

内文设计　新海岸设计中心

责任校对　牛志远

出版发行　大象出版社（郑州市开元路 16 号　邮编 450044）

发行科　0371-63863551　总编室　0371-65597936

网　　址　www.daxiang.cn

印　　刷　郑州新海岸电脑彩色制印有限公司

经　　销　各地新华书店经销

开　　本　889mm × 1194mm　1/16

印　　张　7.25

版　　次　2017 年 10 月第 1 版　2017 年 10 月第 1 次印刷

定　　价　68.00 元

序

鲁迅青少年时代热心搜集乡邦文献，搜集和整理乡邦文献，对于金石资料自然有所涉及。他在教育部的工作范围包括古物保护和整理，曾发布过相关政令，也颇留意古物市场。当时中国古物处于自然流通状态，尚无博物馆之类的国立机构担负管理之责。鲁迅在1912年6月的一天看到一种景象，记在日记中："午后视察国子监及学宫，见古铜器十事及石鼓，文多剥落，其一曾剜以为臼。中国人之于古物，大率尔尔。"鲁迅时任教育部社会教育司第一科科长，主管博物馆、图书馆、美术馆等事务，对筹建历史博物馆投入了极大的热情，是中国国立博物馆的创始者之一。鲁迅倾心美术，故在搜集古物研究金石学时，对于图案给予较多注意。汉画像正是金石品中以美术著名者。

因此，鲁迅对汉画像的喜爱和关注就不难理解了。

鲁迅早年多收山东地区出土的汉画像，晚年则更多搜集河南——具体说是南阳——的汉画像石拓片。鲁迅并未去过这两个地方。山东汉画像石出土较早，鲁迅在北京的市场上购买、托同事到山东搜集，所得三百四十余帧。鲁迅搜集南阳汉画像拓片是去世前几年的事。他托人请南阳本地的专业人士椎拓，得到三百多帧。1936年夏天南阳发了洪水，一些做了桥基的画像石淹没水中，无法椎拓，他写信叮嘱南阳的朋友，等汛期过后再行着手。可是等到水落石出，他已去世，所以其中有一些拓片他并没有看到。鲁迅搜集和提倡研究汉画像，对汉画像的保护和研究起到了促进作用。全国各地出土了大量汉画像石、画像砖，汉画研究蔚为大观。南阳汉画馆不断丰富收藏。今天汉画馆的陈列中，鲁迅的影响在在可见，一些画像石的解说词就提到鲁迅收藏该石拓片的情况。

北京鲁迅博物馆对鲁迅的汉画像收藏十分重视，不但妥为保存，而且根据鲁迅生前的计划加以整理、研究和出版。20世纪80年代，鲁迅博物馆从鲁迅收藏的汉画像拓本中选出438帧，编成两卷本的《鲁迅藏汉画像》（河南一卷，山东及其他地区一卷），由上海人民美术出版社于1991年出齐。鲁迅博物馆还与南阳汉画馆合作举办过展览和研讨会。2014年，鲁迅博物馆又将鲁迅收藏的全部汉画像整理出版，编为《鲁迅藏拓本全集·汉画像卷》(两册)，由西泠印社出版。

鲁迅去世后，中国社会的发展仍不平稳。汉画像石、画像砖和其他文物一样，磨难不断，内战外战、饥荒、运动、经济开发等等，让很多汉画像石遭受了比做桥基更悲惨的命运，造锅台、砌猪圈尚属幸运，更有的化为齑粉，永远消失。这是令人痛心的。

在混乱和漠视中，民间的古物爱好者搜集保存下一些汉画像石、画像砖。方清刚先生就是这样一位收藏家。他保存的汉画像石和汉画像砖不乏珍品，如“太平有象”，体型较大，图案精美，有演乐、驯象等场面，颇为壮观。

方先生决定将他珍藏的汉画砖石拓片六十帧及砖石实物四件赠送给北京鲁迅博物馆。方先生是南阳人，鲁迅也珍藏了南阳汉画像石拓片，其间的缘分自不待言。

方先生珍爱他的藏品，由珍爱而认真研究、积极推广。这种爱艺术、爱家乡的情操，让人感佩。

我觉得，方先生有收藏家的追求、研究者的勤奋和诗人的浪漫情怀。

“太平有象”是他汉画像石、画像砖收藏的代表作，所以本书不但以该石为开篇之作，也以该石命名。这块画像石，目前还没有看到第二份。据方先生说，他请人拓了几幅，在国内外展示并且参加学术研讨会，历史、美术、音乐等领域的专家都很有兴趣。这方面我是外行，恕不敢赞一词。对其中的“象”，我并不陌生。据说这庞然大物曾在中原生活过，过去中原地区气候湿热，相当于现在的广东广西，但那究竟是什么时候、大象最北抵达中国哪个州县，我不知究竟，只在古书中看到过，很早很早以前有人“驯象”——河南省简称“豫”，象旁立人，文字学家便如此解释。但也有人说这“豫”是安逸的意思，河南居中，四平八稳的，可不是有些安逸吗——实际上，河南历来天灾人祸也很不少。到底作何解释，让专家们讨论去。至于妇孺皆知的三国时期“曹冲称象”的时候，河南恐怕已经像现在这么冷了吧，大象到中原来，是作为珍稀物，供人观赏，相当于养在帝王或富豪的宫苑里，就像现在北方动物园的珍稀动物，或者到马戏团里当演员。古事寥远，我们不必拘泥纠缠，只回过头来还说汉画像石上这个画面，的确表现了人象共处的场景，加上笙歌场面，颇有百兽率舞的升平意味。鲁迅在小说《理水》的结尾，用了微讽的语调写道:“幸而禹爷自从回京以后，态度也改变一点了:吃喝不考究，但做起祭祀和法事来，是阔绰的;衣服很随便，但上朝和拜客时候的穿著，是要漂亮的。所以市面仍旧不很受影响，不多久，商人们就又说禹爷的行为真该学，皋爷的新法令也很不错；终于太平到连百兽都会跳舞，凤凰也飞来凑热闹了。”鲁迅不太相信这等好事。《资治通鉴》唐文宗太和六年记载:“上御延英，谓宰相曰：‘天下何时当太平，卿等亦有意于此乎！’僧孺对曰：‘太平无象。今四夷不至交侵，百姓不至流散，虽非至理，亦谓小康。陛下若别求太平，非臣等所及。’”其实，能达到小康就很不错了。上古或上上古究竟太平不太平，从图画上的莺歌燕舞当然是难以判断的。

不过，清刚先生将这幅巨制命名为“太平有象”，表达了一种古老而常新的期待，其心情当然可以理解。

清刚先生对这幅画像的详细解说很让人长知识、增豪情。他是个诗人，诗情遇上画意，在他富有想象力的笔尖下，美感油然而生。他对“太平有象”这样解释：“一块巨石上共 4 幅画像……中间一层为《太平有象》，表现二神人、四神兽相斗相戏，人神共处、百兽率舞、天人合一的图景。”后面一句表现一下理想，无可厚非。关于画中“舞象”情景，解说文字旁征博引道：“画中之象被雕刻者分作数块，却没有割裂感，反而显得既厚重又雍容。整幅汉画是《山海经·大荒南经》载民之国里人神杂处、不耕而食状态之形象表现。河南简称豫，豫字的本义即是人牵象。所以汉画《太平有象》极具河南特色。”后两句表现对本乡出土文物的热爱和自豪，也是题中应有之义。可能会有人说这解说有些夸张，太过诗意，缺乏学术依据，但我觉得别具一格，读者当能有所会心。

《太平有象》中的乐舞场面有古琴、埙、竽、拨浪鼓等乐器，历历可数，较为稀见。清刚先生认为颇合古制：“左边四人表现的是雅乐中的诗礼内容，中间三人表现的是雅乐中舞的内容，右边四人表现的是雅乐中乐的内容。”因此，他将这幅画像视为“呦呦鹿鸣，食野之苹。我有嘉宾，鼓瑟吹笙”（《诗经·小雅·鹿鸣》）的图解。这里既有史的考证，又有诗的发挥。又如，关于木偶龙，他认为汉画中“木偶龙”“木偶虎”提供了木石变龙观念的具象标本，而且由此猜测三国时期诸葛亮发明的木牛流马是祭祀用品，乃《史记·封禅书》所谓“木禺龙栾车一驷，木禺车马一驷，各如其帝色”之遗绪，其俗至今盛行。读者朋友在今天的民俗中不难发现端绪，南阳一带的农民早些年仍然用与汉代相似的农具犁地簸谷。读者看了汉画，再去看田地里人民的劳作，真要发出亘古如斯的感叹。

清刚先生解说汉画像，不刻板，有趣味。例如“与石永年”部分有一块“兔儿娥”石，命名和解说让人解颐：“此石中有兔儿娥造型，似兔，又似女娥，因名之兔儿娥。峨冠，冠亦似髻，又仿若兔耳；细颈深衣，抱金吾，与一般汉画中执金吾造型相若；又似捣药之杵，显示玉兔与嫦娥还没有分离，不知月中先有兔，还是先有娥，抑或是兔本娥、娥本兔。无论如何，都大异于人们对广寒宫的一般认知。兔儿娥后复有一娥，不知是其背影，还是广寒宫本有两娥。抱金吾的女娥，提示她乃月中女官，职责是守卫巡逻，这又丰富了人们对嫦娥角色的认识。兔儿娥面前有蛙，而非蟾蜍，此亦迥异于一般常识。”这解说不只是有趣，还能给人启发。

清刚先生的诗情在画意面前，往往不止于融合，有时相当充沛，兴到之处，便“有诗为证”了。例如“灵雀”，画中神雀头戴三叶草样的凤冠，口含金丹，张翼阔步。三支尾翎婉转上飘，灵雀从天而降，浪漫、优雅、夸张、奔放，具有典型的南阳汉画特征。清刚先生于是唱起《灵雀谣》：“惯与鹅鸭竞稻粱，清声不振毛不光。晨哼暮唧竟年年，做梦但是谷与糠。何来碧梧凤求凰，擅入笼坩七弦张。初闻呆呆如木鸡，再闻三闻浠洸漾。才知曾是玉山鸟，祝余葳蕤扶桑好。玄鸾为群鹓为友，闲与精卫息海潮。木公亲饲九台芝，女婴常贻七叶草。每凭阊风欢如雷，滥充增城第一宝。……当时风华三足乌，顷作檐下报晓雉。秦皇枚敲蓬莱龟，汉武蓍占和田玉。此后连绵三百帝，浑浑噩噩与尔尔。谁解前世日日愿，一扫此夜千层暗。……”这里所抒发的岂止思古之幽情。

清刚先生在南水北调工程开工前赶往即将淹没的库区，从民居墙体上抢救下来汉砖，其图像古朴大气，纹饰繁复，文字高古。淅川为古楚都城，位于丹江口水库上游，有些乡镇现在已陷烟波浩渺之中。我们得见这些图案，要感谢清刚先生的保护意识和迅捷行动。

民间收藏家得到珍品，观赏把玩，日久生情，融入学识、情趣和想象力，解说自成一家，研究允称独到。我们编辑本书，特请清刚先生撰写解说文字，相信读者能从中得到启发，感到乐趣。

清刚先生对鲁迅敬佩有加，念念不忘鲁迅对汉画像石保存和研究所做的贡献，有意将自己保存的较为罕见的汉画像石拓片捐给鲁迅博物馆。鲁迅生前提倡版刻研究，对古代版画和外国版画均极为关注，希望广泛借鉴，发展中国新兴木刻。我们应该继承鲁迅先生未竟的汉画像研究事业，也希望鲁迅博物馆和汉画像的缘分永续，既把鲁迅的遗产整理好，又收藏更多的汉画像拓片珍品，开展相关学术活动，推进鲁迅倡导的现代版画事业。

清刚先生捐赠的珍品通过展览同观众见面，展品又编成《太平有象》一书，由大象出版社出版，使更多读者得以欣赏，令人高兴，给人鼓舞。

北京鲁迅博物馆（北京新文化运动纪念馆）常务副馆长
黄乔生
2016年12月

第一编　象之大者

第二编　神飙灵飞

第三编　与石永年

第四编　万福之门

后记

第一编

象之大者

本编共十一品。无论是巨幅的汉画像石《太平有象》全图，抑或长仅盈尺的汉砖《天车出行图》《风伯出行图》，无不大气恢宏，展现出汉代人民对升平治世的向往，确如鲁迅所说『惟汉人石刻，气魄深沈雄大』（一九三五年九月九日致李桦信）。汉人所达到的思想和艺术高度至今仍令我们叹为观止。

太平有象组图

东汉　河南南阳

330cm × 170cm

一块巨石上共 4 幅画像。

最上一层，分左右二幅。左边一幅为《二仙戏鹿》，刻画身长羽翼、披羽毛外衣、能步云飞翔的仙人凭虚凌空追逐一只奔逃的仙鹿。右边一幅为《天仙飞狐》，祥云笼罩里，一位神人腾云驾雾，仪态安闲；九尾狐，古人视为祯祥之物；左下有一神兽。

中间一层为《太平有象》，表现二神人、四神兽相斗相戏，人神共处、百兽率舞、天人合一的图景。神人造型飘逸灵动、庄谐成趣，四神兽大象、白虎、青龙、辟邪造型优美。

最下一层为《雅乐图》，反映“自汉以后，乐舞浸盛”。

太平有象

330cm × 45cm

舞象为中国上古传统舞蹈。《礼记·内则》："成童舞象，学射御。"成童指 15 ~ 20 岁的青少年。《汉书·礼乐志》："（郊祭）常从象人四人。"画中最左当为成童或象人。画中之象被雕刻者分作数块，却没有割裂感，反而显得既厚重又雍容。

整幅汉画是《山海经·大荒南经》臷民之国里人神杂处、不耕而食状态之形象表现。河南简称豫，豫字的本义即是人牵象。所以汉画《太平有象》极具河南特色。

《山海经·大荒南经·臷民国》："有臷民之国。帝舜生无淫，降臷处，是谓巫臷民。巫臷民朌姓，食谷。不绩不经，服也；不稼不穑，食也。爰有歌舞之鸟，鸾鸟自歌，凤鸟自舞。爰有百兽，相群爰处，百谷所聚。"

有诗赞曰："风是长熏日恒杲，国在大荒桃李飘。甘木无影娥呕丝，醴泉有致蛙弄箫。街前罴虎真憨痴，陌头鸾凤闲娆妖。镇日斯民竟何为？枰上黑白费推敲。"

雅乐图

330cm × 45cm

秦汉乐舞鼎盛，刘邦有《大风歌》，项羽有虞姬之舞。此汉画人物造型丰富而传神，刻画的古琴、埙、竽、拨浪鼓等栩栩如生，再现了上古韶乐和雅乐场景。其中，左边四人表现的是雅乐中的诗礼内容，中间三人表现的是雅乐中舞的内容，右边四人表现的是雅乐中乐的内容。《诗经・小雅・鹿鸣》："呦呦鹿鸣，食野之苹。我有嘉宾，鼓瑟吹笙。" 此画堪称对该诗的形象注解。

二仙戏鹿

165cm × 45cm

画面表现二仙人腾云驾雾逐鹿戏鹿的图景。羽人，即身长羽毛、羽翼或披羽毛外衣能飞翔的神人，象征长寿成仙。鹿者禄也，象征富贵。东汉王充《论衡·无形篇》：“图仙人之形，体生毛，臂变为翼，行于云，则年增矣，千岁不死。”

天仙飞狐

165cm × 45cm

图案主体为祥云，其中有一凭云凌虚、前冲而身姿极舒缓的着冠仙人；一九尾狐，古人视为祯祥之物；左下有一神兽。《山海经》郭璞注“九尾狐”：“太平则出而为瑞。”汉赵晔《吴越春秋》：“乃有白狐九尾，造于禹。禹曰：‘白者吾之服也，其九尾者，王之证也。涂山之歌曰：绥绥白狐，九尾痝痝。我家嘉夷，来宾为王。成家成室，我造彼昌。天人之际，于兹则行。明矣哉！’禹因娶涂山，谓之女娇。”可见九尾狐不仅是王证，还象征人生幸福。

白虎・神牛・鲤鱼

东汉　河南南阳

240cm × 40cm

牛、鱼为献神的牺牲或祭品，虎显然不是。它们同列于一幅汉画像石上，是随意组合还是有特殊的用意，不得而知。但三种神物放在一处，隐隐传递着某种信息，似乎汉代已有十二生肖雏形。

尚飨台

西汉　湖北襄阳

128cm × 105cm

尚飨为古时祭祀用语，表示希望神灵降临享用祭品。尚飨台即祭台，陈列牺牲和一应敬神的供品之用。

原石当为汉时祭神用品。中间有三层凹槽，可能用来放置蒸煮用的笼箅。台面四边刻绘四条鱼，按顺时针方向，表示敬神的美馐。

在飨案上，依次刻绘朱雀、青龙、白虎。在应该刻绘玄武的一面，没有任何图像，表明此面是朝神主或祠堂灵台之壁的，也由此证明此面朝北。没有刻绘玄武，也符合玄与无的哲学理念。在确定玄武的方位之后发现，其他三灵与玄武并未按东汉时期定型了的朱雀对玄武、青龙对白虎的排列方式排列，说明西汉时期的四神或四灵方位还没有完全固化定型。

鱼鳖飨案

东汉　河南南阳

107cm × 62cm

《孟子·梁惠王上》："不违农时，谷不可胜食也；数罟不入洿池，鱼鳖不可胜食也；斧斤以时入山林，材木不可胜用也。谷与鱼鳖不可胜食，材木不可胜用，是使民养生丧死无憾也。养生丧死无憾，王道之始也。"孟子在这里宣扬的是采伐以时、休养生息的可持续发展理念。

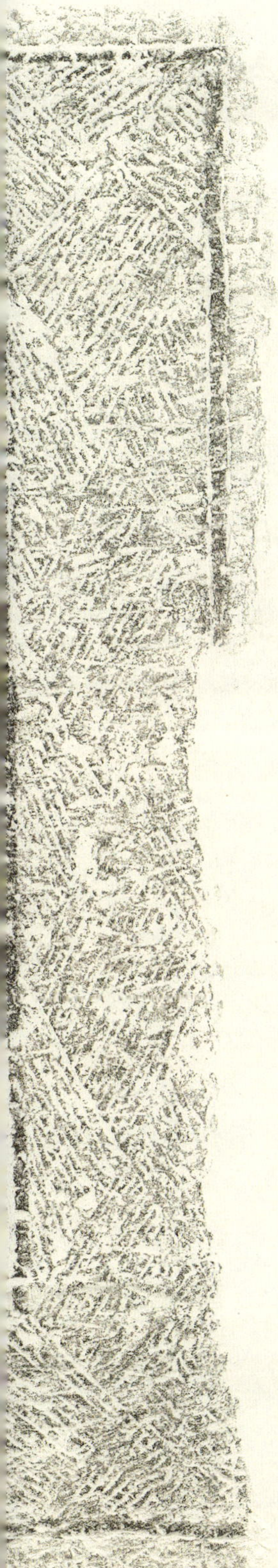

建鼓舞

东汉　山东济宁

100cm × 90cm

画面下部是龙虎台；龙虎台上建木高耸，建鼓高悬，羽葆冉冉，宛若一个甲骨文“中”字。鼓两侧各有一个广袖窄裤束腰鼓手云步击鼓。左上，一短裤侍者右向执华盖；右上，一曳裾女侍左向，似在捧理羽葆璎珞。建鼓舞场面宏阔奔放，令人神往。

木偶龙·木偶虎

东汉　河南南阳

138cm × 35cm

木偶龙，《史记》写作“木禺龙”，《汉书》写作“木寓龙”，是古代封禅和祭神时的法器。《史记·封禅书》：“木禺龙栾车一驷，木禺车马一驷，各如其帝色。”但木偶龙具体是何种造型，文献并没有记载，这幅汉画为我们提供了可视依据。

龙崇拜在中国可能有上万年的历史，但自古及今，几乎无人说得清楚龙的原委。《史记·老子韩非列传》载孔子言：“鸟，吾知其能飞；鱼，吾知其能游；兽，吾知其能走。……至于龙吾不能知，其乘风云而上天。”这说明孔子对龙也感到茫然。

关于龙的起源，有多种说法，其中之一是与树有关。王充《论衡·龙虚篇》：“短书言‘龙无尺木，无以升天’。又曰‘升天’，又言‘尺木’，谓龙从木中升天也。”《尔雅翼·释龙》：“头上有物如博山，名尺木，龙无尺木不能升天。”《三国志·吴志·太史慈传》裴松之注：“龙欲腾翥，先阶尺木者也。”汉画《木偶龙·木偶虎》形若木龙、木虎，为今人提供了木石变龙观念的具象标本。

《木偶龙·木偶虎》还启示人们，在三国时期，诸葛亮发明的木牛流马在当时可能是司空见惯的祭祀神器。至今人们祭奠祖先，除焚烧纸钱外，还要扎制纸船、纸车马并在坟头或灵前焚烧，其俗当为《史记·封禅书》所谓“木禺龙栾车一驷，木禺车马一驷，各如其帝色”之遗绪。

戴常青树冠的开明兽

东汉　河南南阳

120cm × 45cm

此画中左边有一株昆仑标志性符号常青树。开明兽人面兽身，长有似手似翼的双臂，头戴山形冠。值得注意的是，此山形冠为清晰的三株常青树构成。河南、山东等地出土的汉画像石上，屡见枝身人面、人面枝冠、枝状龙凤等造型，当即今日清明插柳、戴柳习俗之滥觞，其根源应为建木图腾崇拜。

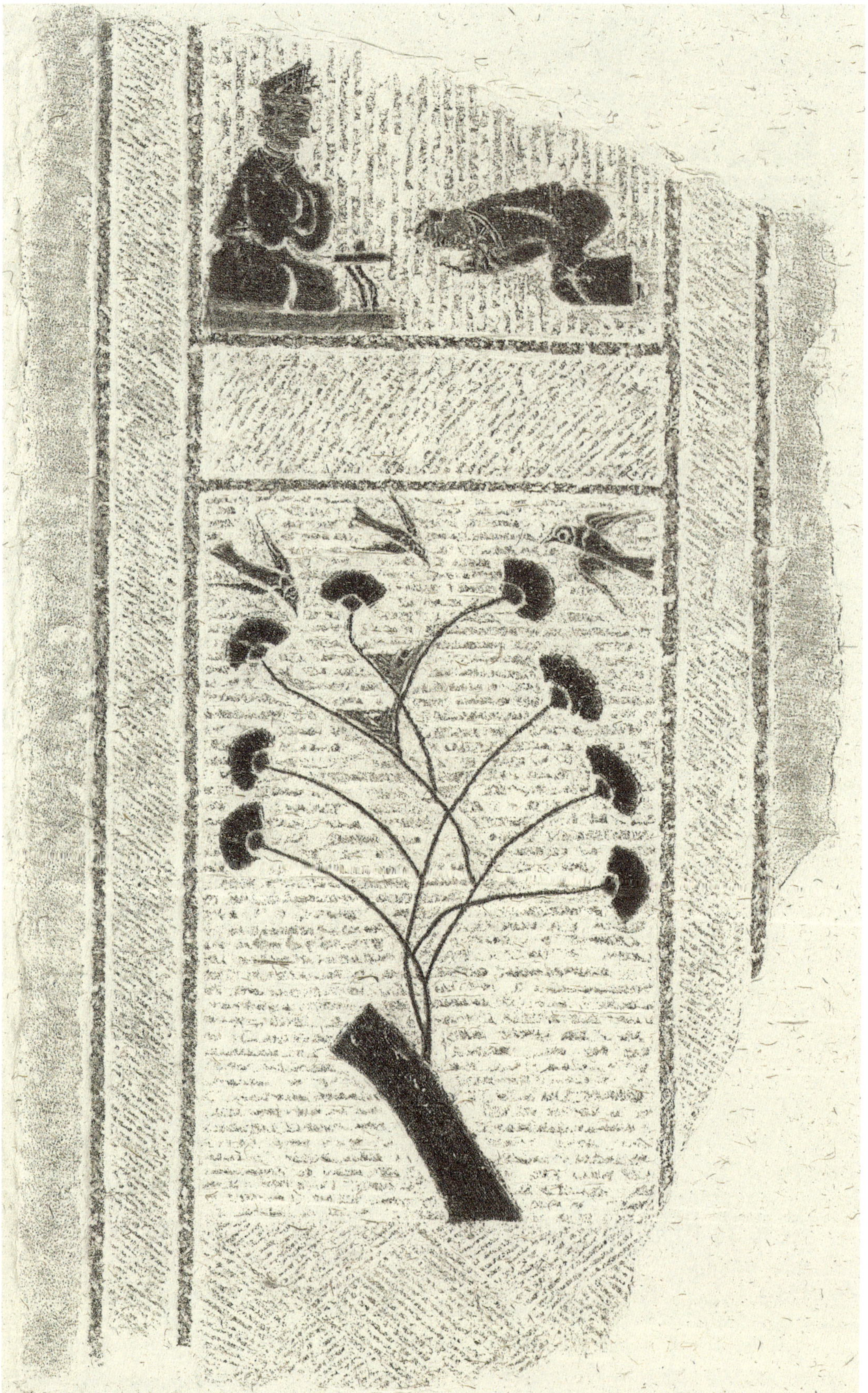

千秋画

东汉　山东济宁
42cm × 75cm

斜斜一根断木，枝叶颇似银杏。树上鸟雀翩翩，若闻燕语呢喃。

银杏又名白果树，生长缓慢，寿命极长，种下四十年后才大量结果，因此被称为公孙树，意为“公种而孙得食”。

断木在《山海经》与甲骨文中具有图腾意义，表述为折木、析木等。《山海经·大荒东经》：“大荒之中，有山名曰鞠陵于天、东极、离瞀，日月所出，有人名曰折丹，东方曰折，来风曰俊，处东极以出入风。”甲骨卜辞有“东方曰析”“帝于东方曰析”等语。《尚书·尧典》：“日中星鸟，以殷仲春；厥民析，鸟兽孳尾。”《说文解字》：“析，破木也。一曰折。”《广雅》：“析折，分也。”析木、析丹，当与羲和、西王母之“羲”“西”一样，为上古图腾物象在后世的音讹。

枝条盘蜿，乌雀居之，是神树建木或扶桑的突出特征。《山海经·海内经》：“有木，青叶紫茎，玄华黄实，名曰建木，百仞无枝，上有九欘，下有九枸，其实如麻，其叶如芒。”郭璞注：“欘，枝上曲；枸，根盘错也。”《玄中记》：“天下之高者，有扶桑无枝木焉，上至于天，盘蜿而下屈，通三泉。”《山海经·大荒东经》：“大荒之中，有山名曰孽摇頵羝。上有扶木，柱三百里，其叶如芥。有谷曰温源谷。汤谷上有扶木。一日方至，一日方出，皆载于乌。”《山海经·海外东经》：“东方句芒，鸟身人面，乘两龙。”郭璞注：“木神也。”《左传·昭公二十九年》：“木正曰句芒。”杜预注：“取木生句曲而有芒角也。”《诗经·小雅·隰桑》：“隰桑有阿，其叶有难。既见君子，其乐如何？隰桑有阿，其叶有沃。既见君子，云何不乐！”《淮南子·时则训》：“东方之极，自碣石山，过朝鲜，贯大人之国，东至日出之次，榑木之地，青土树木之野，太皞、句芒之所司者，万二千里。”《十洲记》：“扶桑在碧海之中，地方万里，上有太帝宫，太真东王父所治处。地多林木，叶皆如桑。又有椹树，长者数千丈，大二千余围。树两两同根偶生，更相依倚，是以名为扶桑。仙人食其椹而一体皆作金光色，飞翔空玄。其树虽大，其叶椹故如中夏之桑也。但椹稀而色赤，九千岁一生实耳。”

玄鸟或玄乌崇拜，在中华文明中是和龙崇拜一样古老而特别重要的图腾崇拜。玄鸟为何鸟，论者意见不一，其中一种说法是指燕子。《诗经·商颂·玄鸟》：“天命玄鸟，降而生商。”郑玄注：“天使鳦下而生商者，谓鳦遗卵，娀氏之女简狄吞之而生契。”鳦即燕子，故有简狄吞燕卵而生商之说。燕子因为春来秋去、依人而居，还是春光生机与幸福安康的象征。画中之雀剪剪其尾，“差池其羽”，一如燕子。

中国画中有花鸟画，以花鸟鱼虫等为描绘对象。史载，到六朝时期，已出现独立形态的花鸟画，如顾恺之的《凫雀图》、史道硕的《鹅图》、顾景秀的《蜂雀图》等，但均已亡佚。今人能够看到的最早的花鸟画实物，是唐代和五代艺术家的作品。此画与一般表现神树建木扶桑的汉画不同之处在于它脱离了神性和图腾含义，突出刻画半截树干、枝条、鸟雀，具有浓厚的生活气息和艺术气息，已经是非常纯粹的花鸟画。从这个意义上说，此画堪称中国最早的一幅花鸟画，将中国花鸟画史提前了500年，将可见的花鸟画提前了1000多年。

天车出行图

东汉 河南南阳

33cm × 9cm

东汉早期实心小砖，出于南阳新野。浅浮雕，局部接近高浮雕。只一棱有画，余皆素面。

画面为龙凤驱驾，日车、月车、斗车奔腾驰骤。主题画面分为左、右两部分。左半部为飞龙驾日。阳乌居日中，龙前一鱼帮捎。右半部为凤凰驾月，蟾蜍居月中，双凤并辔。左边龙身位置和右边凤凰与月车之间布陈着牵牛星与北斗星，其中北斗的斗杓部分又显示为轮，象征斗车。整个画面表现龙凤曳驱天车奔驰在斗牛之间、霄汉之上。

画面造型夸张奔放、生动传神，舒朗有致又充实丰富，神圣玄远又幽默感十足，具有典型的南阳汉画特征。

日月车：太阳车和月亮车。车有两轮，而日月皆圆形，在天庭奔走出没，与车轮有相通之处，中国远古先民以为日月为天上之车。

阳乌：中国上古先民以为日中有鸟，故以乌、鹊、金乌、阳乌、踆乌、三足乌等指太阳。汉画像

石、砖上，多以圆形内有鸟雀指代太阳。《山海经·大荒东经》：“汤谷上有扶木。一日方至，一日方出，皆载于乌。”《淮南子·精神训》：“日中有踆乌。”汉王充《论衡·说日篇》：“日中有三足乌，月中有兔、蟾蜍。”《春秋元命苞》：“日中有三足乌。”《玄中记》：“蓬莱之东，岱舆之山，上有扶桑之树，树高万丈。树巅常有天鸡，为巢于上。每夜至子时则天鸡鸣，而日中阳乌应之；阳乌鸣则天下之鸡皆鸣。”《艺文类聚》卷一百引《黄帝占书》：“日中三足乌见者，大旱赤地。”左思《蜀都赋》李善注：“《春秋元命苞》曰：阳成于三，故日中有三足乌，乌者阳精。”

日车：太阳车。春秋时期，中国明确出现日车概念。《庄子·徐无鬼》：“若乘日之车而游于襄城之野。”屈原《离骚》：“朝发轫于苍梧兮，夕余至乎县圃。欲少留此灵琐兮，日忽忽其将暮。吾令羲和弭节兮，望崦嵫而勿迫”；“朝发轫于天津兮，夕余至乎西极”。汉李尤《九曲歌》：“年岁晚暮时已斜，安得力士翻日车？”《初学记》卷一引《淮南子·天文训》：“爰止羲和，爰息六螭，是谓悬车。”原注：“日乘车，驾以六龙，羲和御之。”

龙车：龙驾的车。龙车最早集中见于屈原《离骚》：“驷玉虬以乘鹥兮，溘埃风余上征”；“吾令丰隆（龙）乘云兮，求宓妃之所在”；“为余驾飞龙兮，杂瑶象以为车”；“驾八龙之蜿蜿兮，载云旗之委蛇；抑志而弭节兮，神高驰之邈邈”。汉以后龙车观念已深入人心，并引申为天子之车。

月精：中国上古神话传说以蟾蜍、玉兔为月中精灵。汉画中以圆形内有蟾蜍、兔子造型代指月亮。《初学记》卷一引《淮南子》："羿请不死之药于西王母，羿妻姮娥窃之奔月，托身于月，是为蟾蜍，而为月精。"《本草纲目》："蟾蜍，土之精也，上应月魄而性灵异。"唐权德舆《中书门下贺河阳获白兔表》："惟此瑞兽，是称月精。"

月车：月亮车。中国上古月车的概念晚于日车约900年。北周庾信《象戏赋》："月轮新满，日晕重圆。"唐王勃《九成宫颂》："赤骝俟驾，苍虬按节。月车宵移，星闱晓列。"唐皮日休《天竺寺八月十五日夜桂子》："玉颗珊珊下月轮，殿前拾得露华新。"宋陆游《冬夜月下作》："煌煌斗柄插天北，焰焰月轮生海东。"明无心子《金雀记·临任》："不识河中金雀女，可能再会月车人。"

凤车：《离骚》中以鸟驱之车指日车。"前望舒使先驱兮，后飞廉使奔属。鸾皇为余先戒兮，雷师告余以未具。吾令凤鸟飞腾兮，继之以日夜"；"扬云霓之晻蔼兮，鸣玉鸾之啾啾"；"朝发轫于天津兮，夕余至乎西极。凤皇翼其承旂兮，高翱翔之翼翼"。晋左思《蜀都赋》："羲和假道于峻歧，阳乌回翼乎高标。"南朝陈徐陵《丹阳上庸路碑》："阳乌驭日，宁惧武贲之弓。"中国上古还以鸾凤车为神人或帝王帝后所乘之车，后世代指华美之车。《礼记·明堂位》："鸾车，有虞氏之路也。"《周礼·春官·冢人》："及葬，言鸾车象人。" 郑玄注："鸾车，巾车所饰遣车也，亦设鸾旗。" 贾公彦疏："云'亦设鸾旗'者，以其遣车有鸾和之铃，兼有旌旂。"晋王嘉《拾遗记·周穆王》："西王母乘翠凤之辇而来。"李白《草创大还赠柳官迪》："鸾车速风电，龙骑无鞭策。"《旧唐书·音乐志四》："车移凤辇，旆转红旗。"唐元万顷《奉和春日》之二："凤辇迎风乘紫阁，鸾车避日转彤闱。"以凤车指月车，首见于此南阳汉画像砖。

北斗：又称北斗七星，指在北方天空排列成斗形（或杓形）的七颗亮星。七颗星的名称是天枢、天璇、天玑、天权、玉衡、开阳、摇光。北斗时隐时现，斗柄所指能指示季节：北斗东指，天下皆春；北斗南指，天下皆夏；北斗西指，天下皆秋；北斗北指，天下皆冬。北斗绕北极旋转，这隐含着"帝王居中（居北极）"的概念。南阳汉画像石多天文星象图，这是南阳汉画区别于全国其他地区汉画像石的显著特征之一。但天文星象在南阳汉画像砖中并不多见，即便有，也只是象征性的，此画像砖上清晰地表现北斗，实为难得。

日月同辉：汉画中同时出现日月造型或乌兔、乌蟾造型，统称为日月同辉，意为日月的光芒交相辉映，或者太阳和月亮同时出现。中国民间认为日月同辉是天文学上的奇观，日月同辉出现时，往往以为国家、民族有吉祥的大事发生。

三星并耀：在古代中国人的天文星象观念中，北斗是仅次于日月的星辰，与日月一起，被称为三星、三光、三曜。《庄子·说剑》："上法圆天以顺三光，下法方地以顺四时，中和民意以安四乡。"班固《白虎通·封公侯》："天有三光日月星，地有三形高下平。" 晋葛洪《抱朴子·仁明》："三光华象者乾也，厚载无穷者坤也。" 唐元稹《有酒》诗之四："何三光之并照兮，奄云雨之冥冥。"三星并耀和日月同辉一样，是大吉祥天象，在南阳汉画像石上多显示为太阳、月亮和北斗星一齐出现。三星并耀在后世逐渐世俗化为福禄寿三星并出。

斗车：此汉画像砖上日月之间的北斗斗杓部分与双凤之间，构成一个轮廓较日月浅但依然清晰可见的圆轮，其意似将北斗视为另一轮，即斗车。《史记·天官书》：“斗为帝车，运于中央，临制四乡。”后因以“斗车”指北斗星。司马光《春帖子词·皇帝阁之一》：“寒随土斗尽，暖应斗车回。”斗车造型出现在汉画像砖石上，此或为首例。

天车：上古中国天车所指非一。其一指天帝座驾。《周易·乾·彖》：“六位时成，时乘六龙以御天。”六龙之御，即为天车。其二指羲和载日之车，即日车。李白《早秋赠裴十七仲堪》：“南星变大火，热气馀丹霞。光景不可回，六龙转天车。”其三指北斗星车。或曰轸星为天车。清厉荃《事物异名录·乾象·星》：“《汉书·天文志》：‘斗为帝车。’又《晋书》作‘天车’。运于中央，临制四海，故名……《荆州星占》：‘轸为天车。’”其四指天子或皇帝使者所乘之车。宋王寂《送张仲谋使三韩》：“遗民笑指天车道，酷似南阳异姓王。”此汉画像砖上日车、月车、斗车并驱，龙凤为驾，可谓天车。名此砖为“天车出行”，即本于此。

龙鱼：龙鱼为古地名，《山海经》有龙鱼陵。张衡《思玄赋》：“超轩辕于西海兮，跨汪氏之龙鱼。”汉画中多有龙鱼相处、龙鱼混杂、以鱼代龙。孙作云谓龙鱼上古一音之转。但此砖上鱼和龙一道在天庭之上牵引着天车、日车，亦甚罕见。

有诗赞曰：帝车辚辚出天门，碧霄银街不见尘。龙驾凤驱鱼陵小，乌奔兔忙北斗陈。动知羲和才旋轸，逸想望舒新洗云。始恨未与王桥去，仰接星汉登昆仑。

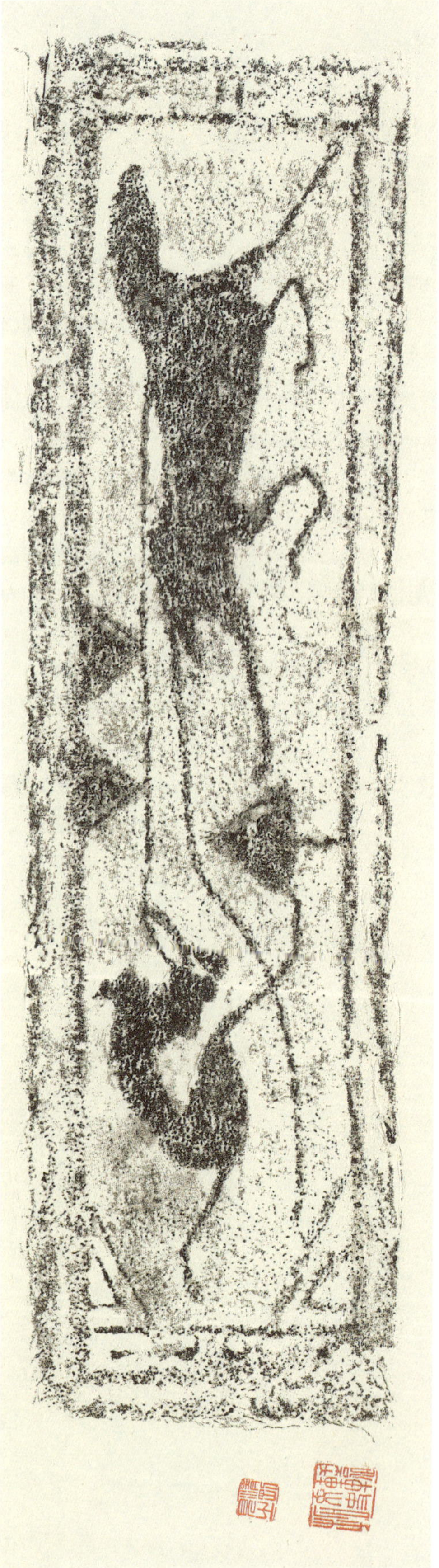

风伯出行图

东汉　河南南阳

33cm × 9cm

画面为风伯或风神御飙凭虚出行图。图分左右两区。右半为风伯的座驾飙马（或名天马）曳缰奔驱；左半为风伯执辔风行。在风伯与飙马之间，有三颗星辰；飙马与风伯之下及前后有云气，表明风伯出行，奔腾在星汉之间、云天之上。飙马造型从容轻松，寓风驰电掣于从容不迫之中。风伯双腿大开大合，成180度，极尽夸张，于肢体形态见马快风疾，若古希腊雕塑拉奥孔于肌肉紧张见毒蛇噬咬之痛楚。风伯上体前倾，尖帽引颈，袍袖引辔，聚精会神，让人不难想象风伯紧张而快哉的心情。构图一疾一徐，对比鲜明，极具想象空间。幅面不大而气象恢宏，于粒米处见乾坤、滴水中照世界。表现手法夸张、浪漫、奔放而不失幽默感，具有典型的南阳汉画特征。

风伯：又称风师、风神、风后、箕伯、飞廉、风夷、风姨等，是古代中华先民对风神的尊称，传说中主管风的神，掌八风消息，通五运气候。其乘曰飙，疾如飙风。古时以狗祭风神。《山海经·大荒北经》："蚩尤作兵，伐黄帝……请风伯、雨师，纵大风雨。"《周礼·春官·大宗伯》："以槱燎祀司中、司命、风师、雨师。"《风俗通义》："鼓之以雷霆，润之以风雨，养成万物，有功于人，王者祀以报功也。"蔡邕《独断》："风伯神，箕星也。其象在天，能兴风。"《汉书·武帝纪》"作甘泉通天台、长安飞廉馆"条晋灼注"飞廉"曰："身似鹿，头如爵（雀），有角而蛇尾，文如豹文。"《三辅黄图》："飞廉，神禽，能致风气者，身似鹿，头如雀，有角而蛇尾，文如豹。"

飙：本作猋。《说文解字》："猋，犬走貌，从三犬。"《山海经·北山经》："狱法之山……有兽焉，其状如犬而人面，善投，见人则笑，其名曰山𤟤，其行如风，见则天下大风。"甲骨卜辞"于帝史风，二犬"，郭沫若释"视风为天帝之使，而祀之以二犬"。相关卜辞："宁风，北巫犬"，"宁风，巫九犬"。《风俗通义》："戌之神为风伯，故以丙戌日祀于西北。"《后汉书·祭祀志下》："以丙戌日祠风伯于戌地。"明王逵《蠡海集》："风雷在天，有声而无形，故假乾位，戌亥肖属以配之，是以风伯首像犬，雷公首像豕。"

天马：汉民族最重要的图腾之一，其形象通常表现为奔腾的骏马；常伴云朵，象征腾云驾雾。《山海经·北山经》："又东北二百里，曰马成之山，其上多文石，其阴多金玉。有兽焉，其状如白犬而黑头，见人则飞，其名曰天马。"《史记·大宛列传》："（汉武帝）得乌孙马好，名曰'天马'。及得大宛汗血马，益壮，更名乌孙马曰'西极'，名大宛马曰'天马'云。"《汉书·礼乐志》："太一况，天马下，沾赤汗，沫流赭。志俶傥，精权奇，籋浮云，晻上驰。体容与，迣万里，今安匹，龙为友。"

有诗赞曰：玉鞭漫指斗牛间，银汉微澜瑶光暗。昆仑动摇不周裂，女娲陶铸鳌足断。九垓俄飘雨倾盆，四渎愁听水拍岸。悔煞风伯只一挥，当时天猋貌甚闲。

吉祥文字、花纹组图

汉　河南南阳

此品为河南省南阳市淅川县南水北调源头旧址民居墙体上抢救下来的汉砖上的祥瑞图案，共23种。其中文字砖4种，图案砖19种，合为一品。

淅川为古楚都城，文化遗存丰富，表现在汉砖上则古朴大气、纹饰繁复、文字高古。这些砖的产地，今已在烟波浩渺中。

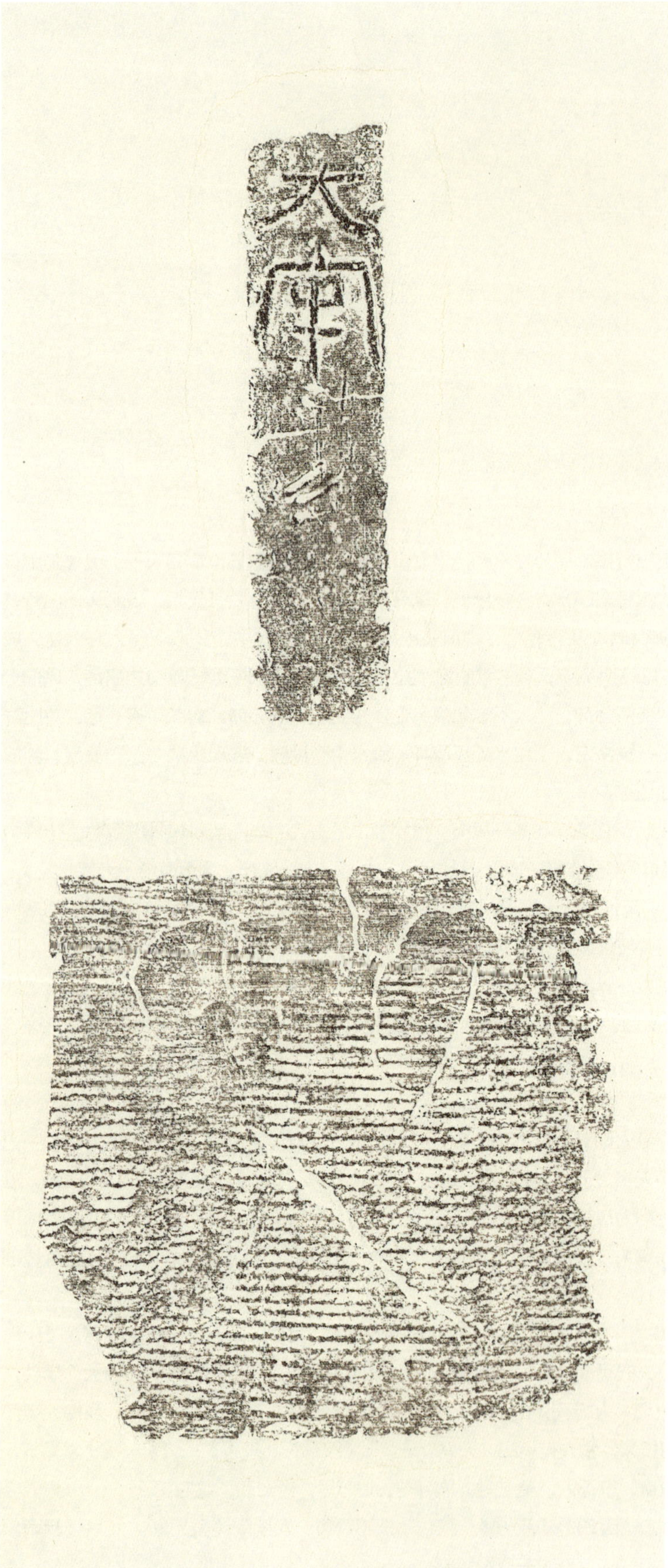

“太牢”字砖

砖面 19cm × 20cm
砖棱（有字面）6cm × 20cm

太牢为中国古代帝王祭祀社稷时的最高礼仪，牛、羊、豕（猪）三全。只有贵为帝王者方可使用太牢之礼。

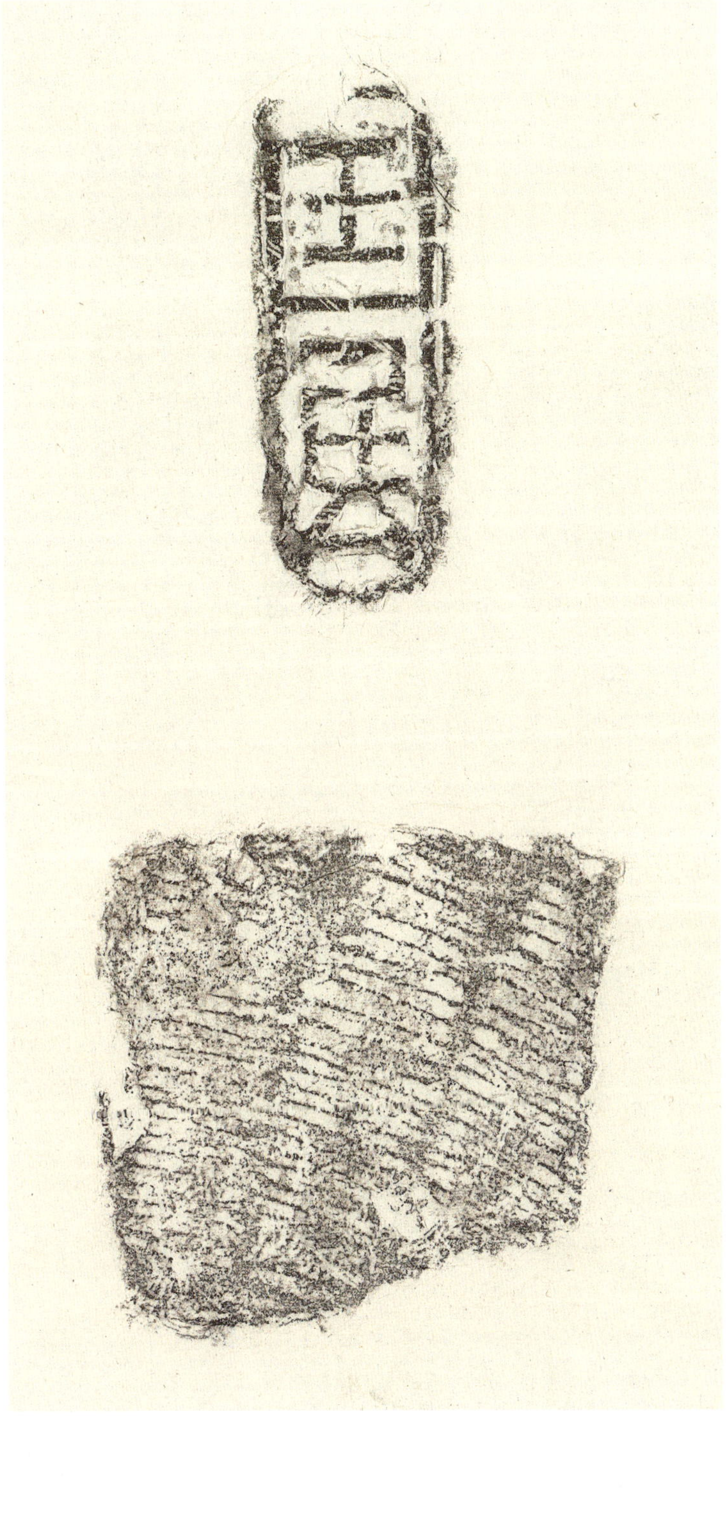

"王侯"字砖

砖面 15cm×15cm　砖棱（有字面）6cm×15cm

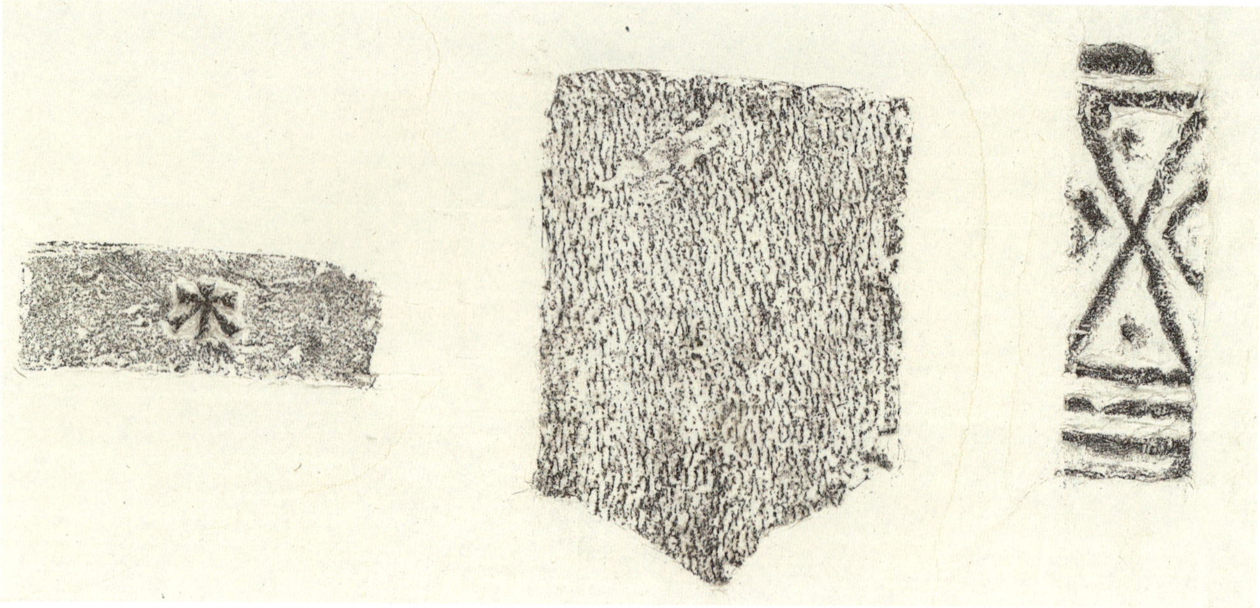

“木”字砖

砖面 14cm × 19cm　　有字砖棱 14cm × 5cm　　胜纹棱 6cm × 16cm

“木”字为高浮雕，具魏碑体气息，对研究汉字字体变化颇具意义。

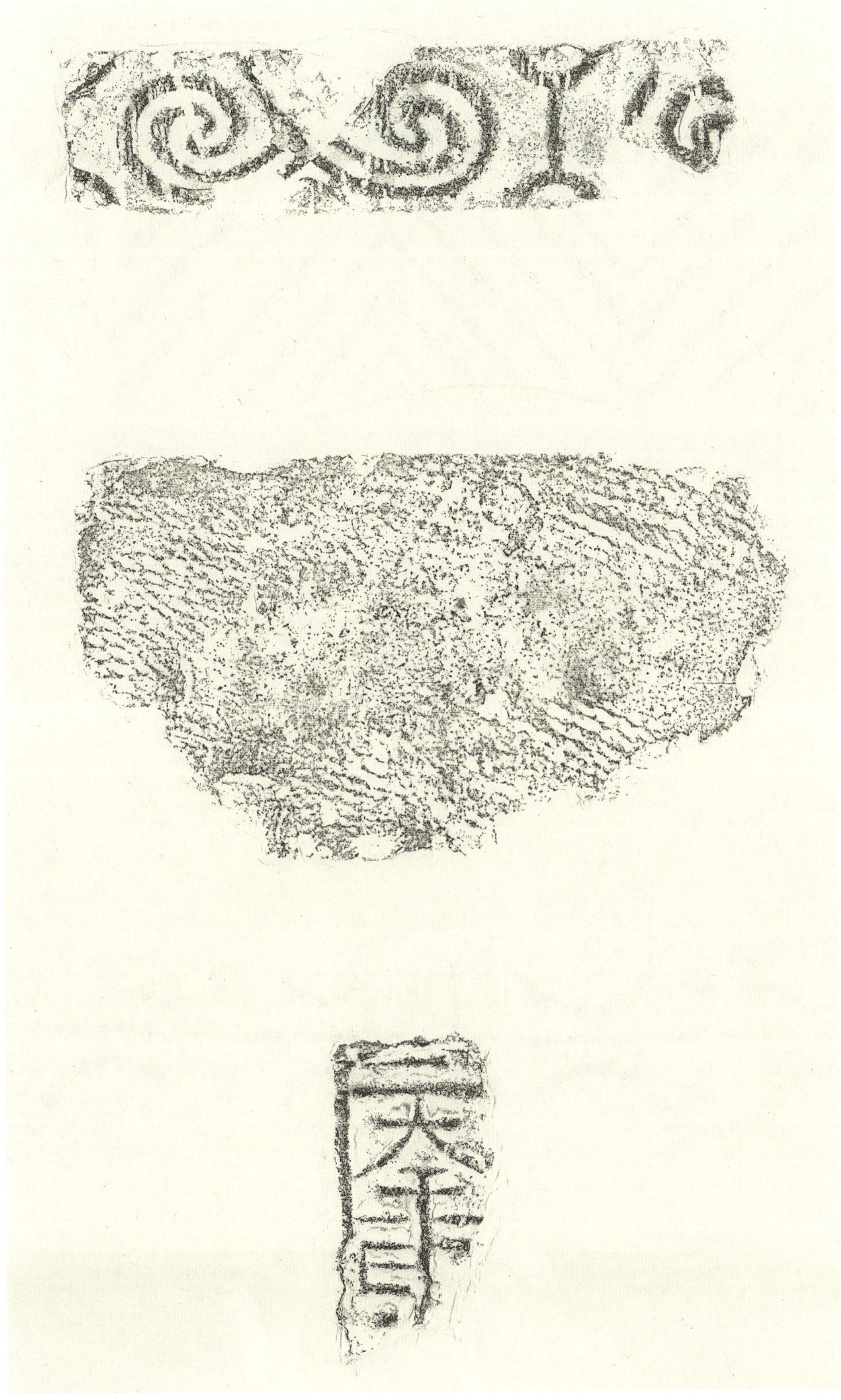

“大平”字砖

“大平”以下残，“大平”即“太平”。

V 形纹

23cm × 6cm

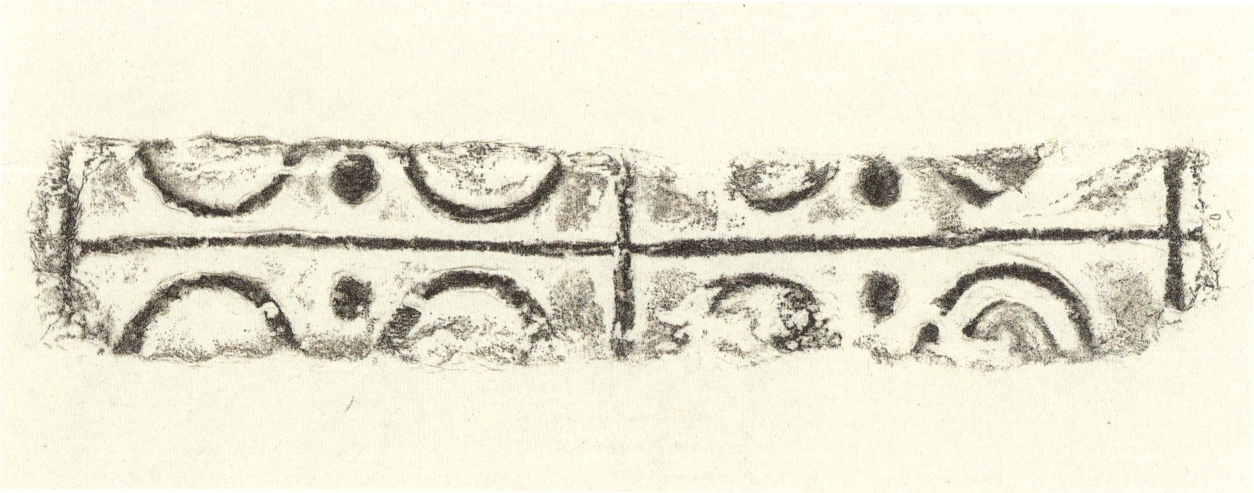

“亚”形纹

32cm × 6cm

波形纹

33cm × 6cm

线胜纹

33cm × 6cm

花胜纹

25cm × 6cm

花胜纹

33cm × 6cm

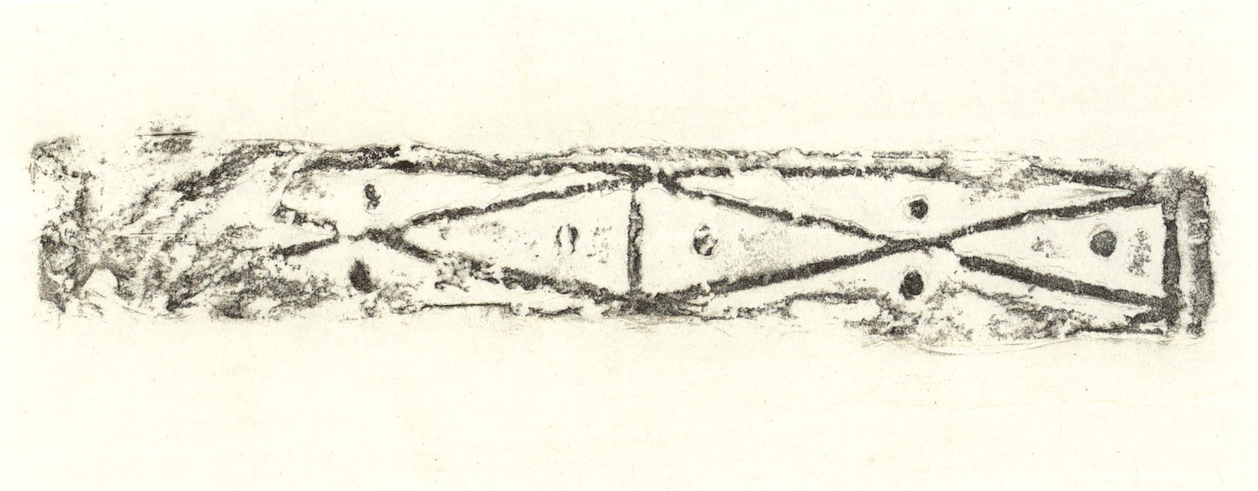

饰星胜纹

34cm × 6cm

涡纹

34cm × 6cm

X 形纹

33cm × 6cm

网纹

34cm × 6cm

网纹

35cm × 7cm

饰星网纹

31cm × 6cm

太阳纹

28cm × 8cm

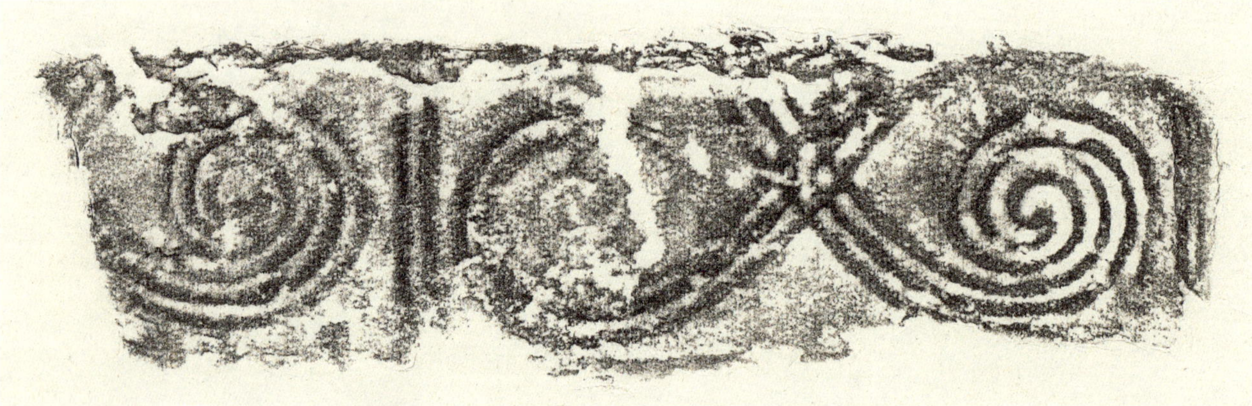

羊角涡纹

27cm × 7cm

无框回纹

34cm × 7cm

有框回纹

36cm × 8cm

饰星回纹

24cm × 7cm

花格回纹

33cm × 6cm

冋形纹

24cm × 6cm

第二编

神飙灵飞

本编共二十品。四神或四灵，是中华民族重要的图腾，『家在四灵山水间』既是中国人对理想家园的追求，也是对可爱故乡的深情描摹。除青龙、白虎、朱雀、玄武外，麒麟、神羊等也是中国人的信仰之神，表现中国人的泛神思想和天人合一、人神共处的生活哲学。四灵神兽也是汉人最爱在石刻上表现的题材。本编所收是千姿百态的汉代四灵神兽的剪影，从中可以窥见汉代人民的生活态度及图腾崇拜的原初含义。

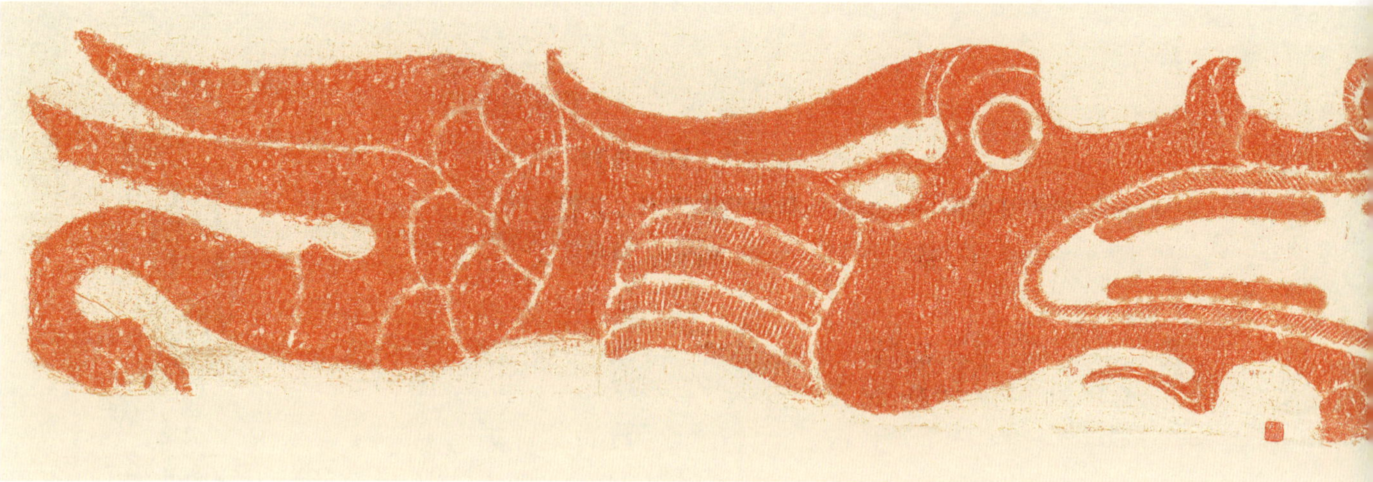

汉龙王

东汉　河南南阳

335cm × 45cm

龙是中华民族最古老、最神圣的图腾，中华龙崇拜可能有上万年的历史。传说龙能显能隐、能细能巨、能短能长，春分登天，秋分潜渊，呼风唤雨，无所不能。南宋罗愿《尔雅翼》说龙的形态有“九似”，即头似驼、角似鹿、眼似鬼、耳似牛、项似蛇、腹似蜃、鳞似鱼、爪似鹰、掌似虎。但南阳汉画中的龙显然还没有定型。南阳汉画像石中的龙造型各异，或古朴苍茫，或飘逸灵动，或高贵神圣，与明清时定型、今天人们所熟知的龙迥异。

汉画《汉龙王》为一石两面，造型雄而不霸，威而不恶，庄严肃穆。

二龙交尾

西汉　河南南阳

230cm × 46cm

二龙穿璧交尾是典型的生殖崇拜图腾符号，后世世俗化为二龙戏珠。

公孙龙

东汉　河南南阳

115cm × 35cm

龙有翼，名应龙；有角，名虬龙。应龙和虬龙都是千百岁的高寿之龙。“公孙龙”的名字寓意“爷孙乐”，幼龙承欢膝下，老龙含饴弄孙，一派幸福祥和气象。

龙腾虎跃庆有鱼

东汉　河南南阳

165cm × 43cm

青龙、白虎、朱雀、玄武为中国的四方神，分别掌东、西、南、北四方，一般表述为左青龙右白虎，前朱雀后玄武。左青龙右白虎是汉画常见题材。在左青龙右白虎的汉画中，偶见鲤鱼对白虎的，显示至迟在汉代，人们的观念中龙和鱼是同为一体的，后世的鲤鱼跃龙门不过是龙鱼一体观念的演变而已。

此画中龙虎造型浑厚古朴，宛若布偶；其大开大合的动作和开张的巨口与利牙，又使它们神光四射，异于凡兽。不同于一般青龙白虎造型的是，此画中龙虎之间的空隙之处分布着六条或横或竖、或大或小的鲤鱼，说明有鱼（余）观念早在两千年前就已深入人心。在右边虎背上方的空处有一只鹤、一只螃蟹，分别表示朱雀、玄武。在西汉或东汉早期的画像石、画像砖及瓦当上，玄武还刻绘成蛇、鱼、蟾蜍、青蛙、玉兔等造型，说明四神中玄武是定型最晚的。换句话说，在东汉早期以前，四神或四灵还没有最后定型。此画中的螃蟹，是玄武的又一种神体，丰富了人们对四神的认识，也从另一侧面印证此石很可能是东汉早期刻石。

整个画面内容充实、疏密有致，寓意祥和美好，又颇具观赏性。

龙抬头

东汉　河南南阳
63cm × 110cm

龙变幻莫测、纵横天地。此图中的龙形体稚拙，眼神澄澈，是一个龙娃娃造型，但在它抬头的刹那，似乎有无穷的玄机。

在中国古代，“二月二，谓之龙抬头”。这一天人们盛行吃面条，称为“龙须面”；还要烙饼，叫作“龙鳞”；若包饺子，则称为“龙牙”。总之都要以龙体部位命名。

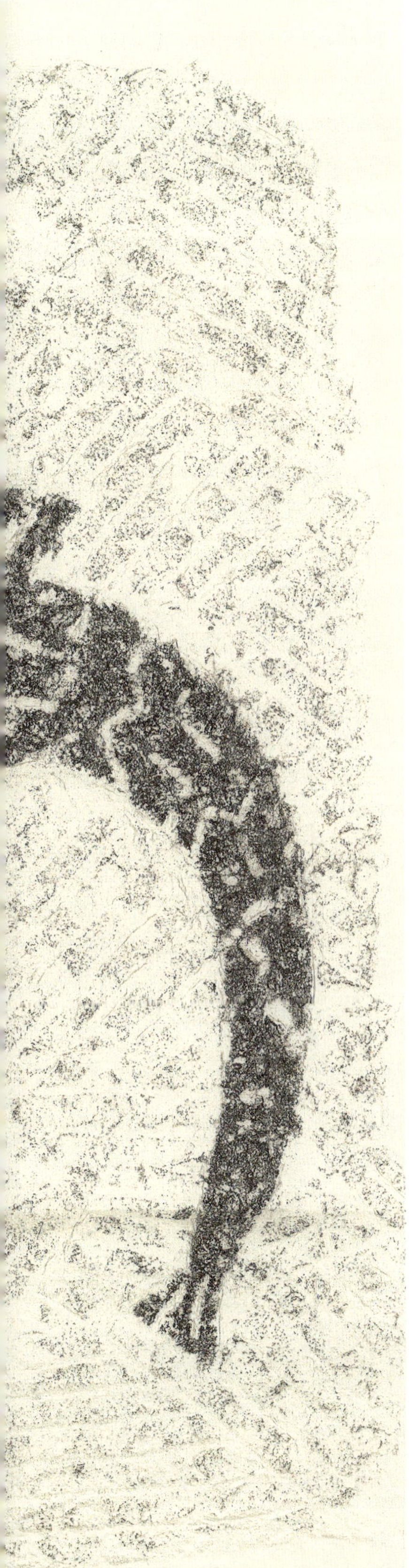

龙抬头（局部）

农历二月初二之所以称为龙抬头节，实与古代天象有关。旧时人们将黄道附近的星象划分为二十八组，表示日月星辰在天空中的位置，俗称“二十八宿”，其中的角、亢、氐、房、心、尾、箕七宿组成一个龙形星象，人们称之为东方苍龙，其中角宿代表龙角，亢宿代表龙的咽喉，氐宿代表龙爪，房宿代表龙腹，心宿代表龙的心脏，尾宿和箕宿代表龙尾。古代中国人观察到苍龙星宿春夏秋冬四时方位不同。每年农历二月初二晚上，苍龙星宿开始从东方露头，出现角宿；约一小时后，亢宿，即龙的咽喉升至地平线以上；子夜时分，氐宿，即龙爪出现。这就是“龙抬头”的过程。之后，每天的“龙抬头”，均提前一点，经过一个多月时间，整个“龙头”就“抬”起来了。

二月初二龙抬头的形成，也与中原地区自然地理环境相关。蛇、蚯蚓、青蛙等动物，到冬天不吃不喝不动“入蛰”，进入休眠状态。到来年二月二前后，天气渐暖，蛰虫被春阳春雷惊醒，因此这节令名为“惊蛰”，人们形象地称为“龙抬头”。

龙鱼戏

东汉　河南南阳

120cm × 40cm

二龙交尾，是生殖崇拜符号；两鱼在龙尾间游弋，既表现龙鱼相欢，还传递出鱼为龙的子孙这一古老命题。

应龙翼豹

汉　河南南阳

236cm × 38cm

龙有翼，是为应龙；豹有翅，是为神豹。

此画为西汉晚期或东汉早期造像，古朴大气，夸张而奔放，富有力量感和视觉冲击力。

汉画多见左青龙右白虎。此画中与应龙对应的神兽似狸似豹，若屈原《九歌》中的文狸；躯体造型与青龙一致，臀、腰极度夸张壮大，头部又极度夸张浓缩，神貌既朴拙又流畅，极具想象空间。

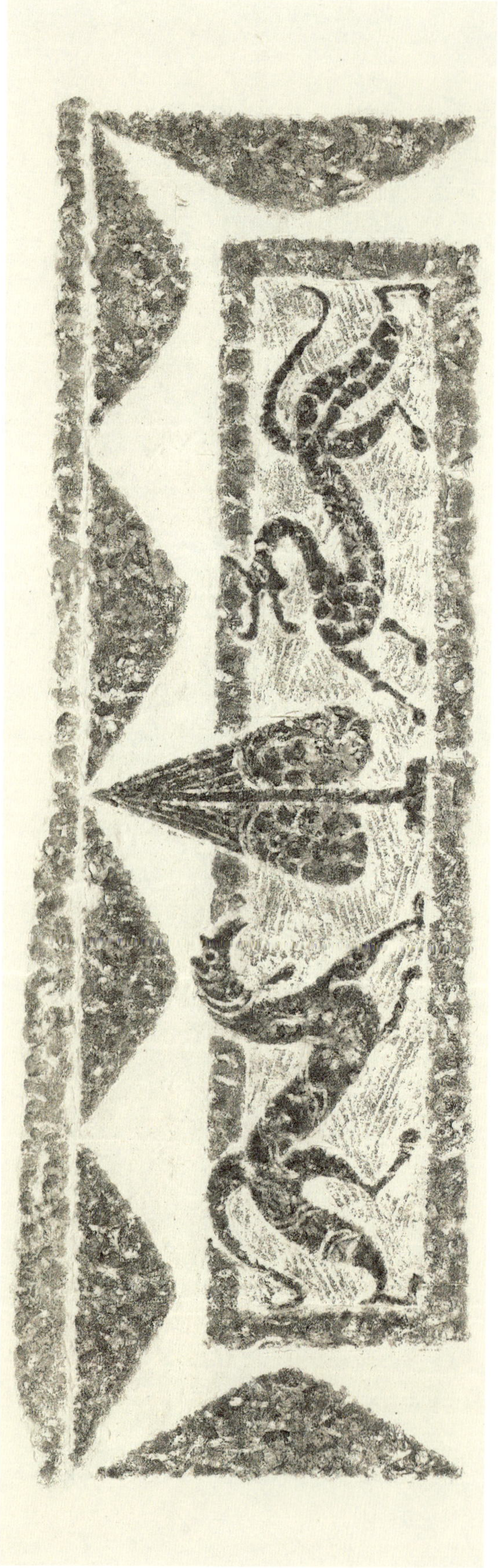

常青树·青龙白虎

东汉　河南南阳

106cm × 36cm

常青树代表生命生生不息，青龙白虎避不祥。南阳汉画中多见青龙白虎。此汉画中的龙虎造型微小但威猛灵动。

常青树·青龙白虎

东汉　河南南阳
89cm × 38cm

此画中的常青树像一盏神灯，又似硕大的阳根，渲染出生殖图腾崇拜的原始意蕴。

雀之灵

东汉　河南南阳

50cm × 60cm

灵雀崇拜是中国最古老的图腾崇拜之一。《山海经・南山经》："有鸟焉，其状如鸡，五采而文，名曰凤皇。……是鸟也，饮食自然，自歌自舞，见则天下安宁。"《诗经・商颂・玄鸟》："天命玄鸟，降而生商。宅殷土芒芒。古帝命武汤，正域彼四方。"《史记・周本纪》言周有鱼鸟之瑞。

朱雀、凤凰也是汉画中最常见的题材。

此画中神雀头戴三叶草样的凤冠，口含金丹，张翼阔步。三支尾翎夸张而优雅地婉转上飘，显得灵雀从天而降，浪漫、优雅、夸张、奔放，具有典型的南阳汉画特征。

有《灵雀谣》曰："惯与鹅鸭竞稻粱，清声不振毛不光。晨哼暮唧竟年年，做梦但是谷与糠。何来碧梧凤求凰，擅入笼埘七弦张。初闻呆呆如木鸡，再闻三闻滂洸漾。才知曾是玉山鸟，祝余葳蕤扶桑好。玄鸾为群鹓为友，闲与精卫息海潮。木公亲饲九台芝，女嫛常贻七叶草。每凭阊风欢如雷，滥充增城第一宝。底事仓皇不可虑，板荡恰在阳九时。通冥昆仑逝如烟，连斗建木飘若丝。王母望断沙上辙，玉兔投月衫频湿。可怜山经与海经，遍检梼杌茫无迹。沉沦不过万年许，荥泽变田济变渠。当时风华三足鸟，顷作檐下报晓雉。秦皇枚敲蓬莱龟，汉武蓍占和田玉。此后连绵三百帝，浑浑噩噩与尔尔。谁解前世日日愿，一扫此夜千层暗。亹亹弄箫复弹琴，舞邀婵媛歌莺转。兴尽忽见石上影，孤霜傲雨青白眼。顿教柔肠碎成寸，泪痕成块泣成岩。"

武步朱雀

东汉　河南南阳

60cm × 80cm

蒲公英花球样的凤冠，是河南省唐河县至湖北省枣阳市一带汉画像石上朱雀的典型冠饰。朱雀昂首阔步，气宇轩昂，也是这一带汉画的突出特点。这一带的汉画像石多为西汉中晚期到东汉早期，风韵古朴大气。枣阳为刘秀家族故里，唐河为刘秀娘舅家，与毗连的东汉开国皇后阴丽华的老家河南省新野县成三足鼎立之势，堪称东汉皇亲国戚的金三角。三地在东汉一朝的突出政治经济地位在汉画像上体现得淋漓尽致。

比翼鸟

东汉　河南南阳
87cm × 41cm

比翼鸟是中国古代汉族传说中的鸟名。此鸟仅一目一翼，雌雄并翼飞行，常比喻夫妻恩爱，形影不离。

比翼鸟之名最早出现在《山海经》。《山海经·海外南经》：“比翼鸟在其东，其为鸟青赤，两鸟比翼。一曰在南山东。”《山海经·西山经》：“（崇吾之山）有鸟焉，其状如凫，而一翼一目，相得乃飞，名曰蛮蛮，见则天下大水。”据文献记载，古本《山海经》是有插图的，首先是禹鼎本，其次为汉插图本，但唐宋以后亡佚。今天能够读到的《山海经》插图，是明清时期人们根据经文文意绘制的，带有明显的臆测成分和明清时代特征。汉画《比翼鸟》带有鲜明的上古文化气息，显然比现在能够看到的《山海经》插图比翼鸟更接近《山海经》本义。

鹤家欢

东汉　河南南阳

155cm × 42cm

周有鱼鸟之瑞，《史记·周本纪》记述了武王伐纣时的鱼鸟吉兆："武王渡河，中流，白鱼跃入王舟中，武王俯取以祭。既渡，有火自上复于下，至于王屋，流为乌，其色赤，其声魄云。"早在大约七千年前的仰韶文化时期，就已经有鸟啄鱼、鹤衔鱼图案，其中最有名的鹳鱼石斧图就出土于今河南省汝州市境内，可见鱼鸟作为图腾有着极其古老的历史。画面中的鹤之家已经明显世俗化了，表现了汉代先民渴望年年有余（鱼）、代代有余的美好愿望。

朱雀会玄武

东汉　河南南阳

125cm×50cm

“苍龙、白虎、朱雀、玄武，天之四灵，以正四方，王者制宫阙殿阁取法焉。”中国传统文化认为玄武是由龟和蛇组合成的灵物，“镇北方，主风雨”；朱雀为南方之神，主繁育生殖。

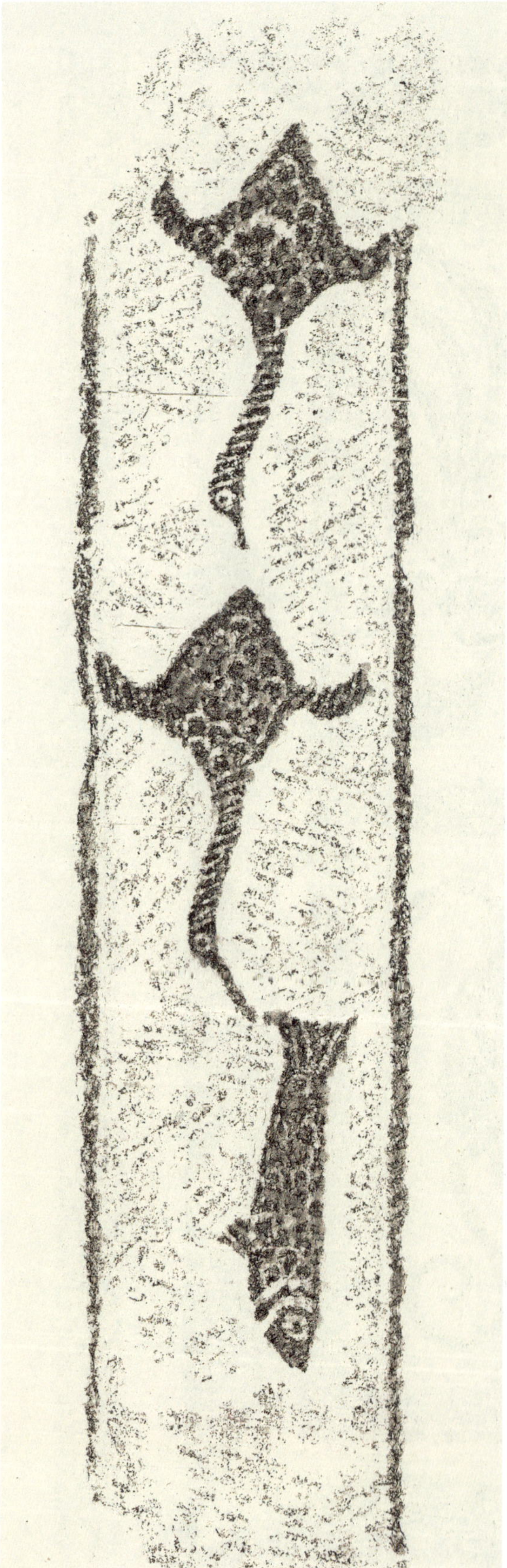

水云间

东汉　河南南阳

114cm × 28cm

鱼与雁齐飞，水与天同色。在汉画里，鱼鸟之瑞已经带有美学和民俗化色彩了。

乳虎

东汉　河南南阳

70cm × 46cm

虎被誉为“百兽之王”，是勇猛与力量的象征。《风俗通义·祀典》：“画虎于门……冀以卫凶也。”“虎者，阳物，百兽之长也，能执搏挫锐，噬食鬼魅。今人卒得恶悟，烧虎皮饮之，击其爪，亦能辟恶。此其验也。”此图中是虎仔造型，其夸张成 360 度的身躯备极柔韧，极富张力。

玄武

东汉　山东临沂

48cm × 41cm

中国传统文化认为玄武是由龟和蛇组合成的灵物。玄武为北方之神，为水神。玄武又为生殖之神，以龟蛇合体的形状出现，被古人看作雌雄交配、生殖繁衍的标志。《周易参同契》："关关雎鸠，在河之洲，窈窕淑女，君子好逑。雄不独处，雌不孤居。玄武龟蛇，潘虬相扶，以明牝牡，竟当相须。"玄武又为司命之神，是长寿和不死的象征。《史记·龟策列传》："南方老人用龟支床足，行二十余岁，老人死，移床，龟尚生不死。龟能行气导引。"

此画中玄武龟蛇缠交，相传唐吴道子所绘玄武图与之相近，说明自汉至唐玄武观念深入人心，对玄武的形象认识也没有太大变化。画面下边左右两角各有一只卧鸟，意为朱雀，表南方。画面上部虽残，但载歌载舞的三人仍清晰可辨。他们未必是真武神，但欢快的动作还是把玄武其来、天下祯祥的神灵崇拜表现得淋漓尽致。

羊

东汉　河南南阳

120cm × 40cm

《说文解字》释“羊”：“祥也。”秦汉金石多以羊为“祥”，“吉祥”写作“吉羊”。汉语中，把母体孕育胎儿的胞衣称为“羊膜”，把羊膜中保护胎儿生命的液体称为“羊水”。羊在汉语中有极为突出的地位，许多汉字、成语与羊相关。如“群”字取“羊性好群”之意。“美”字，《说文解字》：“美，甘也。从羊，从大。”徐铉解：“羊大则美。”“羞”字，《说文解字》：“进献也。从羊，羊所进也。”

古书记载“蚩尤出自羊水”；神农氏姜姓，姜字从羊。河南中部的郑州市至豫西南的南阳市，密布着颍河、穰河、痒河、古痒国、养阴里等与羊同音、近音的水名、地名，结合南阳汉画多羊头造型，也许可以解释炎黄与蚩尤在中原活动的许多未解之谜。

此画中前羊驻足回望，似有所待；后羊奋蹄来奔，似有无限欣欢。它们是兄弟、姐妹抑或伉俪？无论怎样，它们朝朝暮暮依依于芳草，令人生发“不羡王侯但羡羊”之感。

羊·虎·鱼

东汉　河南南阳

150cm × 36cm

中间硕大的羊头为高浮雕，图腾意味浓郁。白虎是布老虎造型，稚拙可爱，脸部造型颇有立体主义风味。与白虎相对，本应是龙的地方却刻绘着一条鲤鱼，显示龙与鱼的同源同一关系。

獬豸

东汉　河南南阳

55cm × 51cm

獬豸，也写作解豸、解廌，是中国上古传说中的神兽，状如牛羊、麒麟，额生一角，俗称独角兽。传说它能辨别忠奸曲直，发现奸邪之人即用独角抵之，并吞食之。它是公正不阿的象征、执法公正的化身，古代中国法官戴的帽子就叫獬豸冠。

獬豸还是汉字“法”的源头。法字古作灋，《说文解字》释“廌”曰：“解廌，兽也，似山牛，一角。古者决讼，令触不直。”

王充《论衡》记“獬豸”：“一角之羊也，性知有罪。皋陶治狱，其罪疑者，令羊触之，有罪则触，无罪则不触。……故皋陶敬羊。”

此画中獬豸蹬跃前抵，似已辨明奸宄；独角弯曲而有力，寓意曲中见直；双目炯炯，表现在单侧脸上，是典型的立体主义风格；鬃鬣用一撮表现，极简；尾巴突破边框，显示力能穿石。

第三编

与石永年

本编共十五品。从洪荒年代和神话传说时代的东王公与嫦娥，到秦始皇泗水升鼎，再到社会底层的白丁和汉家女，万年的岁月更替，亘古的沧桑主题，都在汉画像石上历历编述，印证汉画像石作为历史化石的独特价值。

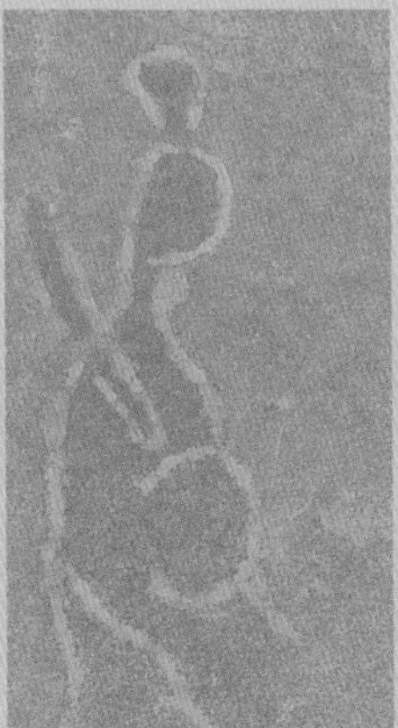

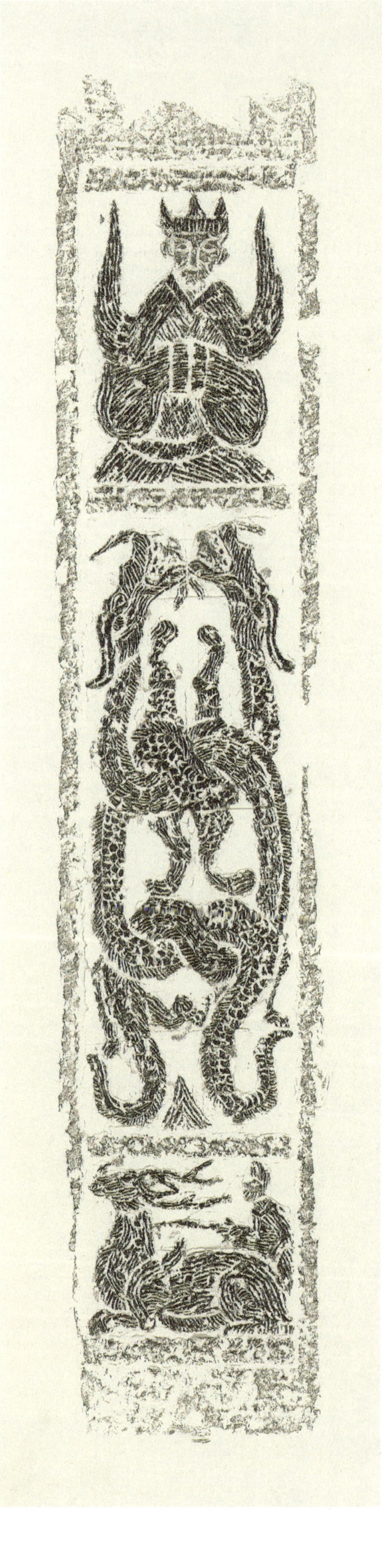

东王公

东汉 山东临沂

25cm × 115cm

东王公的传说至汉时方出现。作为西王母的男配神，东王公又名木公、青童君、东华帝君等。《神异经·东荒经》：“东荒山中有大石室，东王公居焉。长一丈，头发皓白，人形鸟面而虎尾，载一黑熊，左右顾望。恒与一玉女投壶，每投千二百矫，设有入不出者，天为之嘘；矫出而脱悟（误）不接者，天为之笑。”《神异经·中荒经》：“昆仑之山，有铜柱焉，其高入天，所谓天柱也。围三千里，周圆如削。下有回屋，方百丈，仙人九府治之。上有大鸟，名曰希有，南向，张左翼覆东王公，右翼覆西王母。背上小处无羽，一万九千里。西王母岁登翼上，会东王公也。”

与汉画中多西王母造型相比，东王公较为少见。

此画分三格。上格，东王公，为昆仑男尊，寓意权势和主宰。画中东王公正襟趺坐，戴山形冠，相貌堂堂；有翼，有手。两翼上扬，两手相拱合于袖中。中格，为二龙交尾图，是生殖崇拜标志性图像，寓意男女和合，人丁兴旺。下格，为仙人乘鹿，鹿谐音禄，为古代官吏的俸给，故仙人乘鹿寓意官爵和财富。鹿有翼，表明为天鹿；鹿呈跪姿，意为“禄倒（到）”，与今俗春节倒贴“福”字取意福到相若。

广寒宫

西汉　河南南阳

69cm × 38cm

此石中有兔儿娥造型，似兔，又似女娥，因名之兔儿娥。峨冠，冠亦似髻，又仿若兔耳；细颈深衣，抱金吾，与一般汉画中执金吾造型相若；又似捣药之杵，显示玉兔与嫦娥还没有分离，不知月中先有兔，还是先有娥，抑或是兔本娥、娥本兔。无论如何，都大异于人们对广寒宫的一般认知。兔儿娥后复有一娥，不知是其背影，还是广寒宫本有两娥。抱金吾的女娥，提示她乃月中女官，职责是守卫巡逻，这又丰富了人们对嫦娥角色的认识。兔儿娥面前有蛙，而非蟾蜍，此亦迥异于一般常识。石为汉白玉，阴线刻，寥寥数笔，而神形俱备。南阳骚客见之得《兔娥怨四韵》：

性洁志纯四蹄轻，田龙沟渠任纵横。当时仰望云边月，桂子泣娥俱无踪。（一《悲无常》。月中有玉兔、嫦娥、桂树、吴刚及蟾蜍等，乃汉后定型之传说。汉代已有端倪，此石可证。）

於菟本是猛虎名，楚语渐消秦颂行。从此捣药竟年年，初事王母后阿姮。（二《虎兔变》。古楚方言於菟指猛虎，南阳汉画常有嫦娥伴猛虎造型，后世不解於菟本义，遂定格为玉兔。中国各汉画像石、汉画像砖产区多有玉兔捣药于昆仑西王母前，源出《山海经》。南阳汉画多星象题材，月中玉兔已屡见不鲜。）

亦兔亦娥幻亦真，枉受后羿千秋恨。遥望故园星云隔，辜负芳草又一春。（三《忆芳草》。后羿射日，爰有嫦娥奔月，“碧海青天夜夜心”。据此石可知，在没有完全被定格为嫦娥之前，玉兔根本不晓后羿的悲情恨绪，也没有偷灵药之原罪。摇身一变，幻成后羿妻，遂有千古之恨。）

任谁绾作髻峨峨，药杵不见金吾仄。粉墨浓淡兔婕妤，夜巡广寒如穿梭。（四《兔婕妤》。此石中嫦娥，乃月中女官造型，峨冠深衣，执金吾，似未尽脱西王母御前玉兔痕迹。）

蚩尤

东汉　河南平顶山
150cm × 40cm

蚩尤是与炎黄二帝齐名的中华古帝，与黄帝战于阪泉之野，败亡。古代文献记载蚩尤状类非常，铜头铁额，八肱八足。《归藏・启筮》：“蚩尤出自羊水，八肱八趾疏首。”南朝梁任昉《述异记》：“有蚩尤神，俗云：人身牛蹄，四目六手。今冀州人掘地得髑髅如铜铁者，即蚩尤之骨也。今有蚩尤齿，长二寸，坚不可碎。秦汉间说蚩尤氏耳鬓如剑戟，头有角，与轩辕斗，以角抵人，人不能向。今冀州有乐名蚩尤戏，其民两两三三，头戴牛角而相抵。汉造角抵戏，盖其遗制也。太原村落间，祭蚩尤神，不用牛头。今冀州有蚩尤川，即涿鹿之野。汉武时，太原有蚩尤神昼见，龟足蛇首，首疫，其俗遂为立祠。”根据文献记载和孙作云等近现代学者的研究，蚩尤氏族与牛、羊及龙蛇图腾关联密切。

此图中，二龙之间一羊角面具狞厉森然，若汉代蚩尤戏之道具，又似“头有角”“以角抵人”的蚩尤剪影。

三界九宫

东汉　河南南阳

135cm × 40cm

画面主图刻绘一雀、一虎、一鱼，分别表示天上、地上和地下三界。图右侧刻符为九宫图。九宫被称为“宇宙魔方”，与八卦一道，既是中华先民对宇宙和自然规律的认识总结，也是最早的算术。上古中国将天宫以井字划分乾、坎、艮、震、中、巽、离、坤、兑九个等份，称为九宫。在奇门遁甲中，九宫代表大地。作为一种算术，汉代徐岳《数术记遗》对九宫已有记载：“九宫算，五行参数，犹如循环。”九宫与八卦相结合，形成九宫八卦图。

泗水捞鼎

西汉 山东济宁
66cm × 64cm

鼎，三足两耳，初为烹煮用的炊具，后为礼器，专门用来烹饪献神的牺牲。相传黄帝铸鼎荆山，禹铸九鼎。因此鼎历来是君权、神圣的象征，充满神秘感和厚重感。

《史记·封禅书》："黄帝采首山铜，铸鼎于荆山下。"

《左传·宣公三年》："昔夏之方有德也，远方图物，贡金九牧，铸鼎象物。百物而为之备，使民知神奸。"

泗水捞鼎的故事见于《史记》，言周王室衰微，鼎没于泗水，秦始皇于泗水得之，委婉地表示汉天下继承于夏商周秦正统一脉，君权神授，天下至尊。

《史记·秦始皇本纪》："始皇还，过彭城，斋戒祷祠，欲出周鼎泗水。使千人没水求之，弗得。"《史记·封禅书》："其后百二十岁而秦灭周，周之九鼎入于秦。或曰宋太丘社亡，而鼎没于泗水彭城下。"

泗水捞鼎是汉画常见的题材。一般的"泗水捞鼎"汉画中往往包括秦始皇指挥百官、力士奋力升鼎，河伯闻讯率河弁阻挠，苍龙为留住宝鼎高高跃起咬断升鼎之索，充满戏剧性和幽默感。

此幅汉画依然包含始皇现场指挥、百官升鼎、河伯出行等常见场面，但又显示出诸多独有特征。

画面的正中是宏大的捞鼎场面。高耸的龙头辘轳架、硕大的宝鼎、长长的吊索和斜拉索、衣冠楚楚的十名捞鼎仕吏，构成一幅声势浩大的既是劳动场面又是图腾仪式的生动图景。右上，秦始皇峨冠深衣聚精会神于捞鼎场面；在他身后，丞相李斯率朝中班列跪持笏板似有无尽军国大事需要禀报，而始皇充耳不闻，显示升鼎在他心中地位之重要。下边，乘鱼车的河伯和骑鱼河弁鱼贯而出，两个端维河弁还行至宝鼎近旁，显示对升鼎的关切，一派和谐气象。醒目的辘轳架和仕吏娴熟操作巨型辘轳的画面，还显示出秦汉时期机械的发展和科技水平。

献斗图

西汉 山东济宁
73cm × 92cm

重檐高楼上，一出神圣而诙谐的活剧正在上演。第一层檐上，灵雀回徨；第二层檐上，瓦松葳蕤；重檐之间，丹阙巍峨；重檐之下，建木葱茏，拄地接檐。高楼楼梯下的方形和三角形格子间里，两个舞优分别做马步挺臂和折腰之舞。楼上，幔帷垂绥，柱维挺拔，一尊者——画中主角蓬发右视，拥衿而坐，衣袂带曲折竖纹。楼梯上为一前一后两个献礼者，捧斗膝行进献。前者居高，捧斗回看；后者在下，捧斗仰望。在第二个进献者身后，一卫士着进贤冠执戟肃立，腰微躬，步略分。整个画面为捧斗献礼图。尊者可理解为斗星大神，也可视为未加冕的人间君王；献礼者可理解为北斗、南斗星君，也可理解为将斗柄奉交君王的臣宰。

斗，大升，十升为一斗。《汉书·律历志》："斗者，聚升之量也。"斗又是星宿名，指北斗七星和南斗六星，因皆像升斗且有斗柄，称为南北斗。

中国古代以北为尊。南北斗在天之南北。中华先民很早就发现斗星形状变化与四时阴阳相关，进而将宇宙天地变化及人间吉凶祸福与之联系起来，因此将南北斗看作天地宇宙的总枢纽。《史记·天官书》："北斗七星，所谓'旋、玑、玉衡以齐七政'。"《天官书正义》："南斗六星为天庙，丞相、大宰之位。"

北斗第一至第四为魁，魁的意思是第一、魁首。画中之魁皆带柄，即魁柄，乃北斗七星斗魁四星之外形如柄的三星。魁为首，魁柄即显得极为重要，中国古代常用来比喻朝政大权。《汉书·梅福传》："今乃尊宠其位，授以魁柄，使之骄逆，至于夷灭，此失亲亲之大者也。"颜师古注："以斗为喻也，斗身为魁。"章炳麟《訄书·正葛》："法家之所患，在魁柄下移。"

在中国古代文化观念中，魁星还主文运，是文曲星和文昌君。在中国古代的文神崇拜中，文曲星常表现为魁星点斗，魁斗星君一脚向后跷起，形如"魁"字的大弯钩；一手捧斗，象征"魁"字中的小斗字；一手执笔如点状，以示点中了中举的士了。顾炎武《日知录·魁》说："取之字形，为鬼举足而起其斗。"科举时代，"魁星点斗"为文运兴旺之兆。

中国古代称状元为"魁甲"、解元为"魁解"。古有"五魁""五经魁""五经魁首"之说。明代以"五经"即《诗》《书》《易》《礼》《春秋》取士，每经所取第一名叫"经魁"。乡试中，每科前五名必须分别是某一经的经魁，故称"五经魁"，简称"五魁"。五魁与五经魁首，即源于古老的魁星崇拜和斗星崇拜。

在中国传统文化观念中，南北斗还主生杀予夺、勾命延寿。民间将专门奉祀北斗星君的庙宇称北斗星君庙，因其专掌生存，故又称之为"延寿司"。《三国演义》第六十九回南北二斗星君"一人向南坐，穿白袍，其貌甚恶；一人向北坐，穿红袍，其貌甚美"，"穿红者，南斗也；穿白者，北斗也"，"北斗注死，南斗注生"，南北二斗星君推托不掉人情，挥笔在司命簿上将本来命寿 19 岁的赵颜加笔改为 99 岁。

汉画中的楼宇多为三层，三层为神山昆仑的标志，传说昆仑有三层，一般称之为悬圃、阆风、增城。《水经注疏·河水》："昆仑之山三级，下曰樊桐，一名阆风；上曰层城，一名天庭，是谓太帝之居。"《淮南子·坠形训》："昆仑之丘，或上倍之，是谓凉风之山，登之而不死。或上倍之，是谓悬圃，登之乃灵，能使风雨。或上倍之，乃维上天，登之乃神，是谓太帝之居。"

整个画面既上承《山海经》《穆天子传》，具有典型的昆仑图腾崇拜和天神崇拜特质，又具有浓郁的凡世和民俗气息，是秦汉君权崇拜的体现，又是后世文昌信仰的滥觞。

碧鸡天马

东汉　河南南阳

100cm × 41cm

碧鸡、天马是传说中的神物。《汉书·郊祀志》："或言益州有金马、碧鸡之神，可醮祭而致，于是遣谏大夫王褒使持节而求之。"《后汉书·西南夷传》："青蛉县禺同山有碧鸡、金马，光景时时出见。"

画面中的碧鸡，冠似凤，身似鸡；其雏亦鸡状。天马头上长着凤冠一样的肉角，或称之为麒麟。天上的飞鸟，似暗示着碧鸡天马爪蹄履踏大地，其质其骨非同凡响。

河南中部许昌、漯河、平顶山地区葬俗中有捉鸡缢死，身插三箭，置于棺下，棺上置一弓三箭，民俗称此鸡为马，而不知缘由。其俗于汉画可征。

庭院

东汉　河南南阳

142cm × 42cm

这是一个平凡而富足的汉代小农经济庭院剪影。最左边，一只斗鸡引颈凝目屈腿，似随时可以跃起与对手撕咬。其后为一锐角怒目的牛犊。正中为一株大树。大树右边为一马，正在排粪。马后一伏持畚箕接拾马粪。整个画面朴实简洁，生活气息浓郁，让人如闻汉时农家院落中人欢马叫、鸡鸣牛哞。翦伯赞《秦汉史》称，汉画“不仅可以令人看见古人的形象，而且几乎可以令人听到古人的声音”，信然。

童画家园

东汉　河南南阳
64cm × 124cm

楼阙上点缀着铃铛一样的饰物。阙下一树，树根插于方形土基。树冠左边，一鱼在飞。树的左侧，木鸭迈着偌大的内八字鸭蹼曲项后视；它长喙似针，冠羽高挺，长长的颈项似乎不胜重负，在颈下有一“凵”形框承托着木鸭的长颈，又像是木鸭的前足。画面最上方挺立着三株小树。整个画面用意稚拙，写实而异想天开，童趣十足，不失为汉代儿童眼中家园即景。南阳汉画馆馆藏的《许阿瞿造像》中，一童子正牵引木鸡玩耍。在20世纪前半叶的中原地区，木鸡、木鸭还是农村儿童重要的玩偶。

文官

东汉　河南南阳
60cm × 106cm

头戴进贤冠，身穿袍服，双手捧笏板，活脱脱一个汉代文官。他的两眼圆圆的，髭须稀疏而微翘，神情则颐指气使。他会经过岁月的淘洗成为贤臣好官吗？他会堕落而被汉朝法律制裁吗？这些都不得而知。一个汉朝的南阳石匠有意无意地把他在石头上立此存照了。

半身文官

东汉　河南南阳

50cm × 60cm

头戴进贤冠，身穿袍服，双手捧笏板，一个典型的汉代文官。他的双眼也是圆圆的，面目圆润清俊。他澄澈的眼神，似乎穿越沧桑，与我们对话。

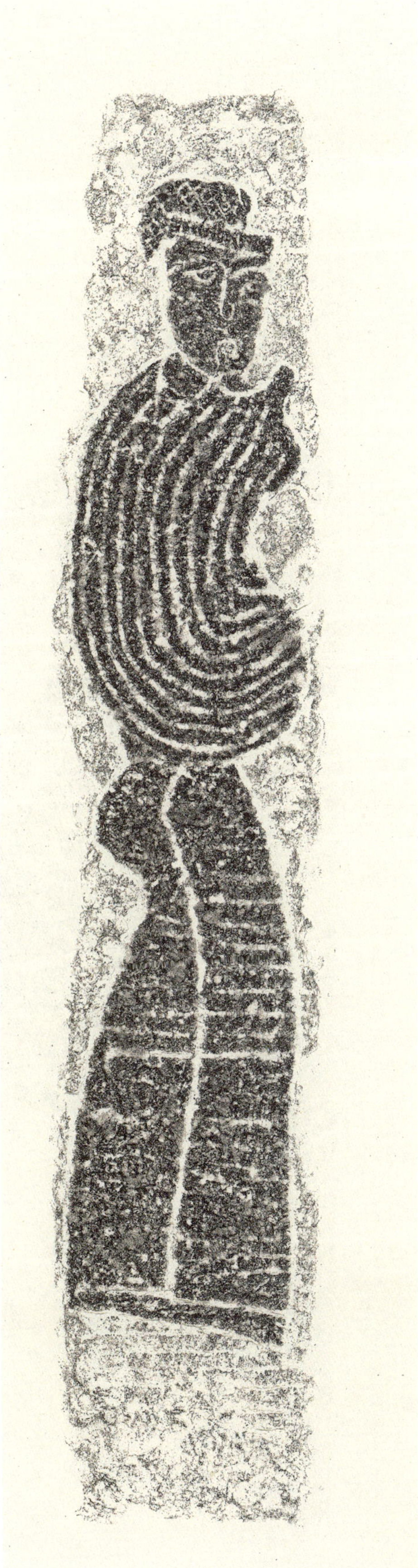

“遣汉使”

东汉　河南南阳

22cm × 106cm

日本从舒明天皇起向唐朝派出外交使节和游学团，名曰遣唐使。汉朝国力强盛，各国也向大汉王朝派出大量求学及外交使臣，他们未必叫遣汉使，但职能与遣唐使几乎完全一样。

画中人物就是这样一个“遣汉使”。他戴进贤冠，执笏板，一副文官模样。但他的条纹衫是那样醒目，与汉朝流行的服饰大相径庭。这是汉时西域民族的典型服饰，带有浓郁的民族融合、文化交流的特点。他修长的身躯又带着明显异于中原的血统。他是张骞出使西域带回的随从吗？张骞与班超出使西域带回异域扈从，于史有征。但石头上的“遣汉使”是否以他们为模特，就无从知晓了。

白丁

东汉　河南南阳

45cm × 115cm

一个卡通式人物造型，一副短打装扮，可知出身下层。他从石头上凝望我们，似有万语千言。

汉家女

东汉　河南南阳

28cm × 100cm

汉家女是不可亵渎的，即使“汉皇重色思倾国，御宇多年求不得”，她也不会“回眸一笑百媚生，六宫粉黛无颜色”。她窈窕的衣袂和杨柳细腰可以让“楚王好细腰，宫中多饿死”。她可以是采桑的罗敷，也可以是血溅乌骓的虞姬，还可以是握管的曹大家，或者是以弱肩抵挡虎豹熊罴的冯婕妤。

孤鸿

东汉　河南南阳

46cm × 45cm

茫茫大地之上，浩浩天宇之间，星月不见，暗夜漫漫，一只失群的大雁在孤独而勇敢地飞翔。它从汉朝飞来，是曹操“绕树三匝，无枝可依”的乌鹊，又是后世苏东坡笔下寂寞的缥缈鸿影，是王安石心中九死不悔的雁奴。有诗为证：

夏路周道二千年，秦馆汉驿亦茫然。其余锦堆与灰堆，回首洪荒只太玄。（一《锦灰堆》）

天宇茫茫夜茫茫，日沉月隐石生凉。飞来飞去竟何是？除却他乡是故乡。（二《宇茫茫》）

虽千万里吾往矣，毋须鼓敲琵琶催。但为芳草青似烟，凭人上石又入诗。（三《梦芳草》）

长唳徒然增缥缈，寒枝沙洲太凄清。形影曾泣王介甫，余事可考《山海经》。（四《形影神》）

第四编

万福之门

本编共十四品。门户是家庭、城池和国家民族具有神圣象征意义的物象。叶公好龙的故事说『叶公子高好龙，钩以写龙，凿以写龙，屋室雕文以写龙』。从汉画像石来看，汉代先民最爱在门户上雕龙画凤。叶公好龙的典故最早见于《庄子》，叶公好龙的发生地叶属秦汉时的南阳郡，说明早在春秋战国时期，南阳一带即有凿石成绘的习俗。本编收入的汉画全部来自石门，这些汉画既是一幕幕图腾活剧，也可以使人从中看到后世不断世俗化的门神端倪。

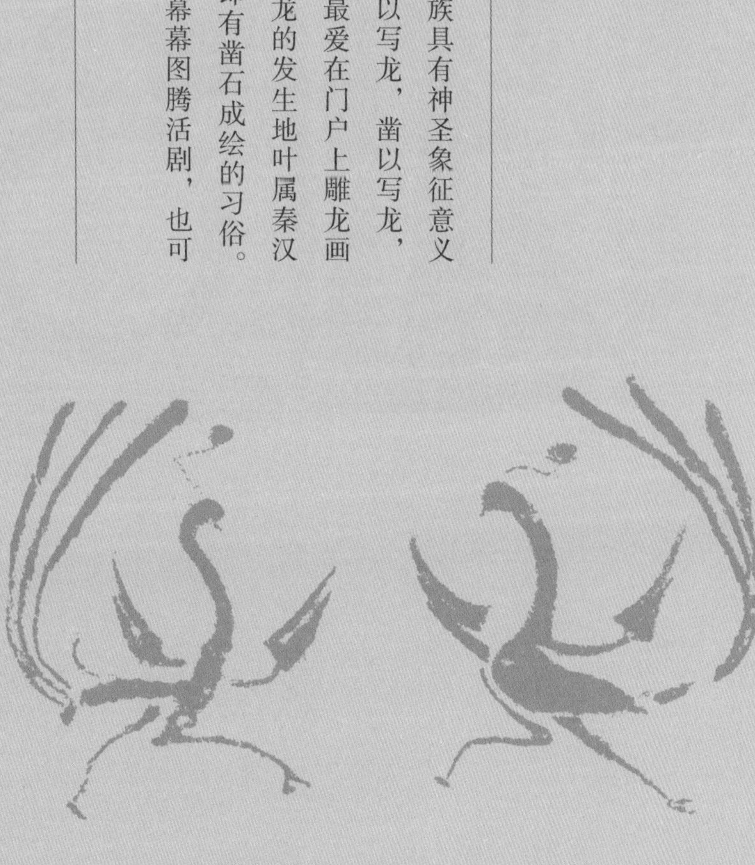

万福之门

东汉 河南南阳

120cm × 75cm

画面右侧是一位头戴进贤冠、身着袍服深衣、弓腰抱彗的长者形象，当为拥彗门吏。拥彗门吏或抱帚门吏是汉画中常见题材，反映的是汉高祖刘邦的父亲在大门口持帚肃立、恭迎皇帝儿子的史实。这件历史故事最终也演变成最能表达内心诚意的待客之礼。《史记·高祖本纪》："高祖五日一朝太公，如家人父子礼。太公家令说太公曰：'天无二日，土无二王。今高祖虽子，人主也；太公虽父，人臣也。奈何令人主拜人臣！如此，则威重不行。'后高祖朝，太公拥彗，迎门却行。高祖大惊，下扶太公。太公曰：'帝，人主也，奈何以我乱天下法！'于是高祖乃尊太公为太上皇。心善家令言，赐金五百斤。"

与顺眉弓腰、谦恭抱帚的老人相对应，万福之门左侧是一位头戴虎贲鹖冠、怀抱大棒、器宇轩昂的年轻的执金吾形象。金吾即棒，古时羽林军就叫金吾，手持金吾是皇家卫队的象征。执金吾造像与东汉开国皇帝刘秀有关。《后汉书·皇后纪》："光武适新野，闻后美，心悦之。后至长安，见执金吾车骑甚盛，因叹曰：'仕宦当作执金吾，娶妻当得阴丽华。'"

《万福之门》中间是两扇门，门的下部是面目狰狞的饕餮铺首，用来镇恶和看家护院；铺首上面是一对相向的凤凰，表示凤凰来仪、吉庆临门。这一对凤凰门古时有个专名，叫雉门。远古时候人们的认识能力还比较低，鸡、雉、乌、鸾甚至凫（鸭子）都可以表示凤凰。雉门古时候用来表示天子的宫门，后来也用来表示朝廷。古时还有一种雉门车，也是专门用来迎接皇上的。

汉朝重视雉崇拜，也称陈宝崇拜或雉神崇拜，陈宝即鸡神。西汉刘向称，汉高祖刘邦时鸡神来了 5 次，汉文帝时来了 20 次。汉朝之所以极度崇拜雉神，当与西汉开国皇后吕雉的名字有关。

在迄今发现的南阳汉画像石中，门柱石、门扉石都是独立的，拥彗门吏、执金吾门吏和雉门都是常见的造型。《万福之门》画像石集中了两个门柱、两扇门扉的内容，把常规四块汉画像石的画面集中展示在一块石头上，颇为罕见。一般的门柱石、门扉石在汉墓中都充当具体的门柱和门扉职能，但《万福之门》画像石的石材薄不足以当门柱，幅面宽又不足以当门扉。研究认为这块画像石具有更特殊的功用，就是装饰性壁画。这在门柱、门扉汉画像石中同样也是十分罕见的。

天命玄鸟

东汉　河南南阳

58cm × 97cm

《诗经 · 商颂 · 玄鸟》：“天命玄鸟，降而生商。”中国的玄鸟崇拜至少有 8000 年历史了，是后世凤凰崇拜之滥觞。此汉画为阴线刻，线条纤细优美，华丽多姿。

七头鸟·铺首衔环

东汉　河南南阳

56cm×115cm

画面分上、下两部分。下部为一威猛的饕餮，即铺首衔环，自史前至秦汉，与神荼郁垒一道，为把守门户的门神。上部为一朱雀，与铺首衔环一道，形成雉门。

与一般朱雀不同的是，此雀除自有一首外，其三片冠羽及尾翎末端各有一首，形成七头之鸟。汉画中有双头雀、三头雀、双头鹿、九头开明兽等异禽异兽。七头鸟的造型可证“九头鸟”的传说其来有自。

比翼鸟·饕餮

东汉　河南南阳

47cm × 108cm

1934年，刘半农英年早逝，他的挚友周作人撰写一副挽联悼念他：“十七年尔汝旧交，追忆还从卯字号；廿余日驰驱大漠，归来竟作丁令威。”丁令威典出《搜神后记》：“丁令威，本辽东人，学道于灵虚山，后化鹤归辽，集城门华表柱。时有少年举弓欲射之，鹤乃飞，徘徊空中而言曰：‘有鸟有鸟丁令威，去家千年今始归。城郭如故人民非，何不学仙冢累累！’遂高上冲天。”以丁令威比喻刘半农，表达物是人非的悲伤之情，极为贴切传神。

但周氏用此典故，另有缘由。当年周作人在绍兴马下桥得残砖，砖文有“凤皇三年七”，视若珍宝，遂以“凤皇专斋”名其书斋，传为美谈。后来，刘半农得双凤凰图文砖，乃效周作人更书斋名为“双凤凰砖斋”，并撰文说：“昔苦雨斋老人得一凤凰砖，甚自喜，即以此名其斋。今余所得砖乃有双凤凰，半农他事或不如岂明，此则倍之矣。”其喜洋洋之情跃然纸上。“丁令威”暗讽的就是这桩文坛佳话，实际上也是把刘半农比喻成凤凰，表达更为沉痛的感叹哲人其萎、英华飘零的大悲之情。

鲁迅在《中国小说史略》里说，五百年后丁令威的后身叫丁野鹤；今天的人们更习惯于叫猫头鹰；商周和秦汉时期，它更多被提起的名字是雉神、叶君神和陈宝。但在学人眼里，它与凤凰、朱雀、青鸟又别无分致。在《山海经》和其他上古文献里，它还叫凤、皇、凫、鸡、乌、雀、鹊、凫徯、玄乌、玄鸟、青鸟、鸾鸟、大物、小物、飞廉、三足乌等，显示我们的原始祖先还没有完全把鸡鸭鹰雁和凤凰鹓鸾区分开来，正如幼儿指燕雀为鸟，亦指鹅鸭为鸟。《山海经·大荒北经》曰：“附禺之山，帝颛顼与九嫔葬焉。爰有鸱久、文贝、离俞、鸾鸟、皇鸟、大物、小物，有青鸟、琅鸟、玄鸟、黄鸟……”在这里，鸱枭与鸾凤杂处，共同守护着颛顼的陵寝。

《比翼鸟》是一扇汉代石门。威武的饕餮铺首上面，是一对振翅相向而鸣的比翼鸟，《山海经》说它“其为鸟青赤，两鸟比翼”，“一翼一目，相得乃飞”。它在汉以后被比附成吉祥鸟、千岁鸟、爱情鸟，就像朱雀被世俗化为丁令威，被神圣化为凤凰。实际上，在汉画像石和汉画像砖上，它不过是朱雀的一种变形而已，与之相似的还有三头鸟、九头鸟等。

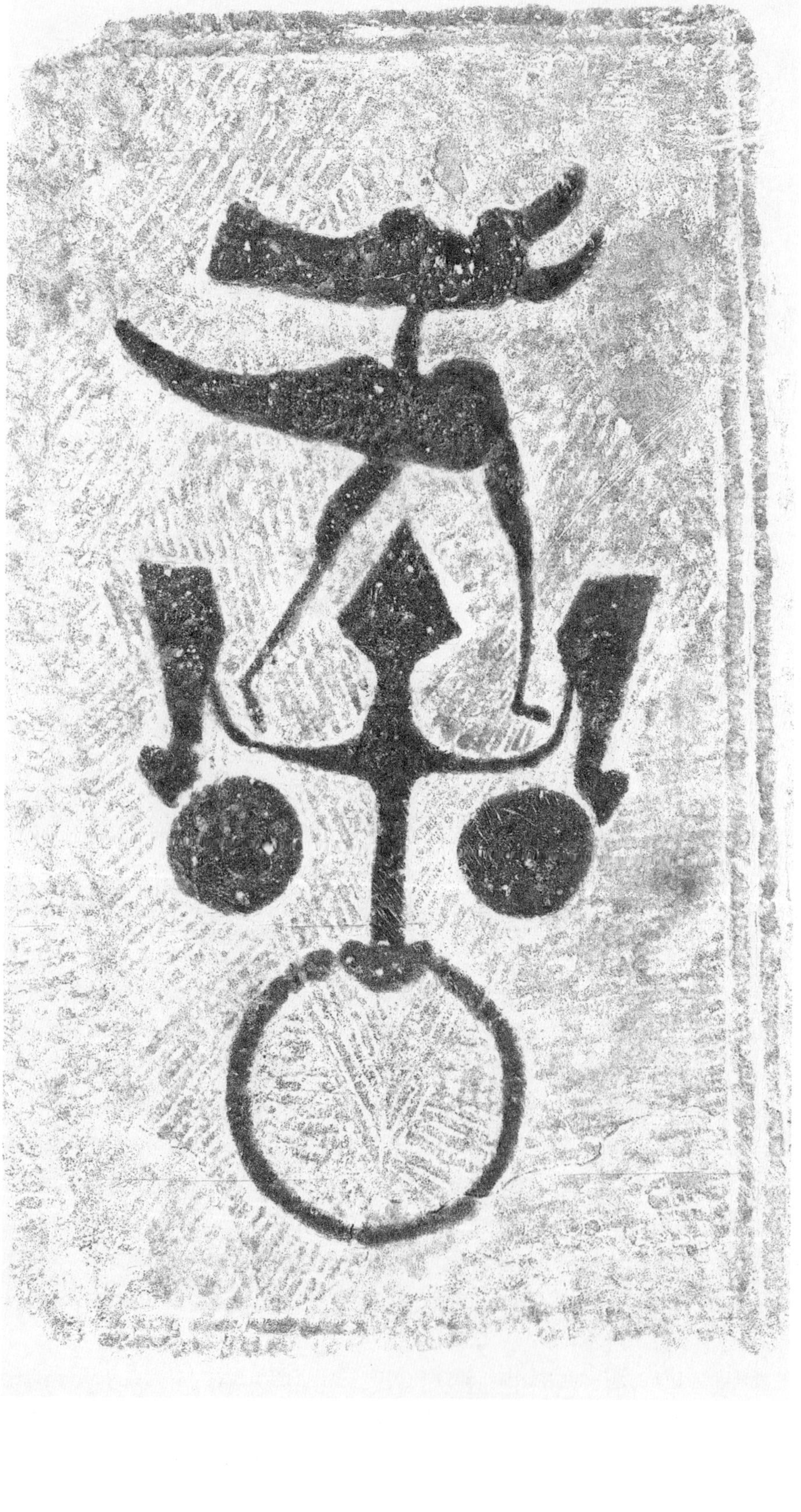

双身雀

东汉 河南南阳

66cm × 107cm

画的上部为一只双身鸟，下部为一抽象的符号化的饕餮面具。

中国西北地区出土的仰韶文化时期的彩陶上，已经有双身鸟造型。双身鸟与九头鸟、比翼鸟应当有文化同源关系。汉代雀音爵，故汉画中的双身雀还有爵上加爵之意。

此画中的饕餮仅有山形戟冠、鼻环，两个圆饼表示巨眼，与一般威猛庄严的饕餮面具大异其趣。吴冠中《美盲要比文盲多》谈看南阳汉画的体会说："其艺术的气概与魅力，已够令人惊心动魄了。那粗犷的手法，准确扼要的表现，把繁杂的生活情景与现实形态概括、升华成艺术形象，精微的细节被统一在大胆的几何形与强烈的节奏感中。其中许多关键、基本的艺术法则与规则，正是西方后期印象派开始所探寻的瑰宝。"

福鸟

东汉　河南南阳

61cm × 110cm

玄鸟生商，周有鱼鸟之瑞，说明商周以鱼鸟作为重要的图腾崇拜。汉画中多鱼鸟造型，以鸟有鱼表福乐绵绵。此画中凤冠大鸟口衔足摄二鱼，傲立饕餮之上，幸福感十足。

朱雀玄武门

东汉　河南平顶山

55cm × 101cm

朱雀、玄武皆为四方神，分主南、北。朱雀、玄武会于一门，表示南北通达、泉路无隔，希望埋葬于地下的先人勿忘人寰，多多保佑子孙，体现出汉代“事死如事生”的观念。

天犬司门

东汉 河南南阳

60cm×108cm

主图案是白虎饕餮。白虎大眼、张口、卷尾，有鸭蹼样的四蹄，憨态可掬。饕餮鼻环中有一犬，表司夜守门。汉画多以环中有鸟、蟾、兔表日月，故环中有犬，还可视为犬在日月中，是为天狗，有吞日咽月之神力。左下朱雀登阙而望，是为凤阙。汉时阙、雀、爵同音，故凤登阙寓意登爵、加官晋爵、爵上加爵。右下常青树，表国运家脉千秋永固。

三足乌

东汉　河南南阳

55cm × 100cm

三足乌是中国古代神话中的神鸟，为昆仑西王母的使者，居于日中，即太阳鸟，故又名阳乌、金乌。西汉阳乌为二足，至东汉演变为三足。《史记·司马相如列传》：“（西王母）载胜而穴处兮，亦幸有三足乌为之使。”王充《论衡·说日篇》：“日中有三足乌，月中有兔、蟾蜍。”

之所以从二足演为三足，当与汉人对鸟雀行为的观察有关。古人发现鸟雀在地上啄食较大的食物时，常以尾拄地发力，形如三足。《淮南子·精神训》“日中有踆乌”，汉高诱注：“踆，犹蹲也。谓三足乌。”

汉画像石上三足乌常表现为两足而尾翼捣地，形如三足。

开明兽

东汉　河南平顶山

55cm × 110cm

开明兽是古代汉族神话传说中人面兽身的神兽，职司守卫，是中国最早的门神。《山海经·大荒东经》："有神，人面兽身，名曰犂。""有神人，八首人面，虎身十尾，名曰天吴。"《山海经·海内西经》："昆仑南渊深三百仞。开明兽身大类虎而九首，皆人面，东向立昆仑上。""海内昆仑之虚，在西北，帝之下都。昆仑之虚，方八百里，高万仞。上有木禾，长五寻，大五围。面有九井，以玉为槛。面有九门，门有开明兽守之，百神之所在。在八隅之岩，赤水之际，非仁羿莫能上冈之岩。"《山海经·西山经》："西南四百里曰昆仑之丘，实惟帝之下都，神陆吾司之。其神，状虎身而九尾，人面而虎爪。是神也，司天之九部及帝之囿时。"晋郭璞《山海经图赞·海内西经·开明》："开明天兽，禀兹金精；虎身人面，表此桀形；瞪视昆山，威慑百灵。"

开明兽在中国各汉画像石产区都有表现，人面兽身是其最突出特征，分别表现为单首、双首、多首或多尾，尾上亦常见首。但已知的各地开明兽造像多模糊不清，基本难以辨识面部细节。此画中开明兽人面兽身，戴山形冠，眉目清晰，面色狞而不厉。

鸱鸮

东汉　河南南阳

61cm × 110cm

鸱鸮又名鸱枭，俗称猫头鹰、轱辘鹰等，善于夜间活动。《庄子・秋水》：“鸱鸺夜撮蚤，察毫末，昼出瞋目而不见丘山，言殊性也。”《淮南子・主术训》：“鸱夜撮蚤蚊，察分秋豪；昼日颠越，不能见丘山，形性诡也。”

上古中国对鸱鸮的认识和感情不一。主流说法认为鸱鸮是恶鸟，《诗经・豳风・鸱鸮》认为鸱鸮是贪恶之鸟，贾谊《鵩鸟赋》认为它是不祥之鸟。但在《山海经》里，鸱鸮与鸾凤并举。在一些文献里，鸱鸮又常常被刻画成温情脉脉、爱子爱家的良鸟。《淮南子・道应训》：“何以异于枭之爱其子也？”张悛《为吴令谢询求为诸孙置守冢人表》：“鸱鸮恤功，爱子及室。”刘良注：“鸱鸮，鸟也。言此鸟忧毁其室。”

鸱鸮还名鸺鹠、鸱鹠、宁鴂、桑飞、女匠、巧妇、工爵、桃雀等。可能这些名字的谐音与丧葬相关，更因为古人把死亡看作黑暗世界，而鸱鸮善夜明视，所以鸱鸮很早就被视作司夜和把守门户（包括城门和墓门）的神鸟。《诗经・陈风・墓门》：“墓门有梅，有鸮萃止。”可见春秋时鸱鸮已被定位于墓门守卫者。《搜神后记》：“丁令威，本辽东人，学道于灵虚山，后化鹤归辽，集城门华表柱。时有少年举弓欲射之，鹤乃飞，徘徊空中而言曰：‘有鸟有鸟丁令威，去家千年今始归。城郭如故人民非，何不学仙冢累累！’遂高上冲天。”这里的丁令威既“集城门华表柱”，又与“冢累累”关系密切。

《荀子・礼论篇》曰：“丧礼者，以生者饰死者也，大象其生，以送其死也。故事死如生，事亡如存。”此墓门上构图繁复，立体主义的白虎、威猛的饕餮、寓意生机与活力的朱雀营造出一幅清冷而长命无绝衰的独特意境。在饕餮硕大的鼻环里，一只鸱鸮幼仔圆睁双眼，敛翼止息，既与丧葬主题相谐，又不乏童趣和幽默感，是上古中国“事死如事生”理念的活标本。

布老虎之门

东汉　河南南阳

60cm × 115cm

立体主义风格的布老虎，与今天山野乡村的布老虎造型几无差异。

下山虎

东汉　河南平顶山

118cm × 120cm

虎为猛兽，汉画中的虎多威风凛凛，此画中的一对下山虎却如可爱的小虎崽。阴线刻的雕刻技法也使它们显得与众不同。

公猴门

东汉　河南南阳
54cm × 100cm

石门上，神雀鸥鹗足踏铺首，敛翼瞪目而望。它面前一只长着硕大阳根的公猴昂首俯行。猴谐音侯，公猴即公侯；雀谐音爵，登铺首之雀即登爵。此图寓意封侯拜爵，是吉祥文化的表现。

后记

2014年春，在参观北京鲁迅博物馆时，我注意到馆里展示的3幅汉画拓片都是产自河南南阳。

我们知道，鲁迅先生一生收藏了500多幅汉画拓片，其中270多幅是在教育部工作期间在当时的北京陆续收藏的。这些汉画拓片大多来自山东，一部分是江苏、浙江、甘肃等地出产。1935年，鲁迅先生在上海开始收藏南阳汉画拓片，直至辞世前一个月，短短一年多时间，鲁迅共收藏南阳汉画拓片248幅，占他汉画总藏量将近一半。鲁迅先生对南阳汉画的钟情和热情，见于他晚年的日记及与台静农、王冶秋等人的通信中，每一个关注鲁迅、关注汉画的人都会有深切的体认。鲁迅博物馆里展示出来的《伏羲》《女娲》《青龙星座》等3幅具有典型南阳风格的汉画拓片，正体现了鲁迅先生对南阳汉画的特别情感，让我这个来自南阳又对汉画情有独钟的后学不由生出温暖的感动。

汉画像石体大沉重，动辄上千斤，艰于搬运和藏置，终其一生，鲁迅先生都没有机会接触汉画像石。根据鲁迅先生写于1924年的《〈俟堂专文杂集〉题记》，先生倒是收藏了“古专（砖）二十余”，但因前一年与弟弟周作人失和，没有随身带走。如今，北京鲁迅博物馆的鲁迅收藏古砖实物，仅有“大同十一年”南朝古砖，聊供人们望梅止渴。

基于这样的感触，我有了向鲁迅博物馆捐赠汉画拓片和汉砖石的想法。这一想法得到鲁博文保部刘思源先生、夏晓静女士的鼓励，随即受到著名鲁迅研究专家、北京鲁迅博物馆常务副馆长黄乔生先生的重视。一年之间，我在参观北京鲁迅博物馆时不经意的一个想法，竟然成为现实！

本书收录的，就是我捐献给北京鲁迅博物馆的汉画拓片，原石、原砖是我多年抢救收集保护的积累，共60品82种。我捐赠给鲁博的2方汉画像石、6方汉砖，都在本书中亮相。其中，南阳汉画像石《乳虎》原石及拓片曾于2012年底在中国国家图书馆展出，汉画像石《比翼鸟》的拓片也曾在国图和国内外多个城市展出。这样做的目的只有两个：一是丰富鲁博的汉画收藏，二是弥补鲁博缺少汉画砖石实物的遗憾。从此观众可以近距离感知汉画深沉厚重、简洁凝练之美。

为保证此次捐赠活动的严肃性和严谨性，确保相关文物真实合法、捐赠拓片内容精当，中国汉画学会原副会长、河南轻工业学院副院长陈江风教授，河南博物院陈列部副主任王景荃研究员，南阳汉画馆研究部主任牛天伟馆员，南阳师范学院副教授季伟博士等专家学者组成鉴定小组，对每一方汉画像石、汉画像砖反复研究、严格把关。中国汉画学会副会长、河南博物院副院长李宏研究员，南阳师范学院教授、南阳汉文化研究中心主任郑先兴博士，河南书画学会副会长、河南方姓文化研究会秘书长方铁先生也都给予大力支持与帮助。南阳市非遗传承人方清亮，郑州传拓名家轩秋英、宋伟、张伟，山东传拓名家张继民，河南传拓好手雷淼、方迈等精心拓制了全部捐赠拓片，在此一并表示感谢！

要特别感谢北京鲁迅博物馆常务副馆长黄乔生先生给予这次活动的大力支持，他不辞辛苦，和博物馆文保部刘思源先生亲赴河南郑州、南阳等地，与鉴定小组的汉画研究专家一道反复研究论证，表现出严谨的学术风范和深厚的学术素养，为捐赠拓片的学术品位提供了强有力的保障。

受北京鲁迅博物馆和黄乔生常务副馆长的委托，我执笔撰写本书收录拓片的文字说明，我得以将自己多年对汉画的学习心得和一管之见行诸笔端，并得到黄乔生先生及相关专家学者的认可。这是我特别要提出感谢的。

本书的结集出版，得到大象出版社社长王刘纯先生的大力支持，在此特表谢忱！

限于才疏学浅，书中汉画文字说明部分难免有错误之处，敬请广大读者批评指正！

方清刚

2016年11月于郑州太平有象汉画居